Sinfonía Italiana

Un Viaje Gastronómico por la Auténtica Cocina de Italia

Luigi Penna

ÍNDICE

postre con una costra de azúcar quemada por una antorcha 10

Tazas con mascarpone y café. 13

"montaña" con castañas 15

Pudin de chocolate 19

Arroz con chispas de chocolate 21

Crema de caramelo de café 24

Crema de chocolate y caramelo 27

Crema de caramelo amaretti 30

Almíbar simple para granizado 34

granito de limón 35

sandia congelada 37

granito mandarina 39

Granizado De Vino De Fresa 41

granito para cafe 43

Granito de cítricos y alcanfor. 45

Granizado de melocotón blanco y prosecco 47

helado de chocolate 49

Granizado de limón y prosecco 51

Granizado Prosecco Rosa 53

helado" 55

helado de limon 57

helado de ricota 59

helado de mascarpone 62

helado de canela 64

helado expreso 66

Helado de nueces y caramelo 68

Helado de miel con turrón 71

Helado de amaretti 74

helado sofocado 76

Helado con vinagre balsámico 77

Trufa congelada 78

Tazas con crema de almendras 81

espuma de naranja 84

semifreddo de almendras 87

Pastel de cúpula esmerilado florentino 90

Salsa mascarpone con miel 93

salsa fresca fresca 94

Salsa picante de frutos rojos.. 95

Salsa de frambuesa para todo el año 97

salsa de chocolate caliente 99

lengua de gato 101

Galletas de avena.. 104

Parece Vin Santo 107

Galletas Marsala 109

galletas de vino de sésamo 112

galletas de sésamo.. 115

tortas de anís 119

cebolla asada 122

Cebolla con vinagre balsámico 124

Adaptación de la cebolla morada 126

Ensalada de cebolla y remolacha asadas... 129

Cebolla perla con miel y naranja 131

Guisantes con cebolla 133

Guisantes con jamón y cebollino 135

Guisantes dulces con ensalada y menta 137

Ensalada de guisantes de Pascua 139

pimiento asado 141

Ensalada de pimientos asados 143

Pimientos asados con cebolla y hierbas 144

Pimientos asados con tomates 146

Pimientos con vinagre balsámico 148

Pimienta en escabeche 150

Pimientos con almendras 152

Pimientos con tomate y cebolla 155

Pimientos rellenos 157

Pimientos Rellenos Napolitanos 160

Pimientos rellenos al estilo Ada Boni 163

Pimientos fritos 165

Pimientos fritos con calabacín y menta 167

Terrina de pimientos asados y berenjenas 170

Puré de patata 173

Patatas con vinagre balsámico 175

Atún a la plancha con naranja 177

Atún a la plancha y pimiento al estilo Molise 180

Atún a la plancha con limón y orégano 183

Filete De Atún Crujiente A La Plancha 185

Atún A La Plancha Con Pesto De Rúcula 187

Guiso de atún y judías cannellini 189

Pez espada siciliano con cebolla 192

patatas venecianas 195

"Vi" patatas. 197

Patatas fritas y pimientos 199

Puré de patatas con perejil y ajo 201

Patatas nuevas con hierbas y tocino 203

Patatas con tomate y cebolla. 205

Patatas Asadas Con Ajo Y Romero 207

Patatas Al Horno Con Champiñones 209

Patatas y coliflor al estilo basílica 211

Patatas y repollo en la sartén. 213

Pastel de patatas y espinacas 215

Croquetas de patata a la napolitana..218

Pastel de patatas napolitano de papá 221

tomate frito 224

postre con una costra de azúcar quemada por una antorcha

crema bruciata

Rinde 4 porciones

En el restaurante Il Matrizano de Roma, la crema se prepara en grandes cacerolas. La base de natillas es espesa y rica en yemas y crema, y la cobertura de caramelo es firme, ligera y crujiente como el caramelo. Esta es mi interpretación de su versión.

2 tazas de crema

3 cucharadas de azúcar

4 yemas de huevo grandes

1 cucharadita de extracto puro de vainilla

para agregar

1 1/2 taza de azúcar

3 cucharadas de agua

1.Coloca una rejilla en el centro del horno. Precaliente el horno a 300° F. Prepare una fuente para hornear poco profunda de 4 tazas con una rejilla.

dos.En una cacerola mediana, combine la crema y el azúcar. Llevar a ebullición a fuego medio, revolviendo para disolver el azúcar.

3.Batir las yemas y la vainilla en un bol grande. Revolviendo constantemente, vierte la nata caliente y vierte la mezcla en la sartén.

4.Coloque la bandeja para hornear en una bandeja para hornear más grande. Metemos la sartén al horno. Vierta con cuidado agua caliente en la cacerola más grande hasta que alcance una profundidad de 1 pulgada por el costado de la cacerola. Hornee durante 45 a 50 minutos, hasta que cuaje pero aún esté ligeramente suave en el centro. Transfiera el molde a una rejilla y déjelo enfriar durante 30 minutos. Cubra y refrigere.

5.Hasta 12 horas antes de servir, combine el azúcar y el agua en una cacerola pequeña y pesada. Cocine a fuego medio, revolviendo ocasionalmente, hasta que el azúcar se disuelva por completo, aproximadamente 3 minutos. Cuando la mezcla empiece a hervir, deja de revolver y cocina hasta que el almíbar empiece a dorarse por los bordes. Luego, revuelva suavemente la sartén y caliente hasta que el almíbar tenga un color dorado uniforme, aproximadamente 2 minutos más.

6.Use una toalla de papel para limpiar la superficie de la mezcla de crema enfriada en la bandeja para hornear. Vierta con cuidado el almíbar caliente por encima. Regresa el recipiente al refrigerador por 10 minutos hasta que el caramelo se endurezca.

7.Para servir, rompe el caramelo con la punta de una cuchara. Vierte la nata y el caramelo en un bol.

Tazas con mascarpone y café.

Copas de mascarpone en el Caffè

Rinde 6 porciones

Aunque el mascarpone se elabora habitualmente en Lombardía, se utiliza a menudo en los postres venecianos. Mezcla café y el sabor del mascarpone y la nata, con chocolate picado para aportar textura. Es parecido al tiramisú, que también es originario del Véneto, aunque no lleva galletas.

No necesitas equipos sofisticados de café expreso para este postre ni ningún otro de este libro. Puedes utilizar una máquina de café normal o incluso un espresso instantáneo.

1/3 taza de espresso fuerte y caliente

11/4 taza de azúcar

14/4 taza de brandy o ron

4 onzas (1/2 taza) de mascarpone a temperatura ambiente

1 taza de crema o crema batida

11/2 taza de chocolate semidulce picado (aproximadamente 2 onzas)

1.Al menos 20 minutos antes de preparar el postre, coloca un bol mediano y una batidora eléctrica en el frigorífico. Combine el espresso y el azúcar. Revolver hasta que el azúcar se disuelva. Agrega el brandy. Dejar enfriar a temperatura ambiente.

dos.En un tazón grande, mezcle el mascarpone y el café hasta que quede suave. Coge el recipiente y sácalo del frigorífico. Vierta la crema en el bol y bátala a velocidad alta hasta que mantenga suavemente su forma cuando se levantan los batidores, aproximadamente 4 minutos.

3.Con una espátula flexible, incorpora suavemente la crema a la mezcla de mascarpone. Reserva 2 cucharadas de chocolate para decorar y agrega el resto del chocolate al mascarpone.

4.Vierta la mezcla en seis vasos. Rocíe con el chocolate reservado. Cubra y refrigere por 1 hora o toda la noche.

"montaña" con castañas

colección blanca

Rinde 6 porciones

Esta montaña de puré de castañas, nata montada y virutas de chocolate lleva el nombre de Mont Blanc, Monte Bianco en italiano, uno de los Alpes que separa Francia de Italia en el Valle de Aosta.

Las castañas frescas se hierven con cáscara, luego se pelan y se sazonan con ron y chocolate para preparar este postre festivo. Puedes evitar los pasos de cocción y pelado sustituyendo las castañas cocidas al vacío, enteras o en trozos, que se venden en tarros o latas. La mayor parte de la receta se puede preparar varias horas antes de servir.

1 kilo de castañas frescas o sustituir 1 kilo de castañas cocidas sin azúcar envasadas al vacío

1 cucharadita de sal

2 vasos de leche entera

1 1/2 taza de azúcar

3 onzas de chocolate amargo, derretido

2 cucharadas de ron o brandy oscuro o claro

1 taza de crema o crema batida

1 1/2 cucharadita de extracto puro de vainilla

Chocolate negro rallado para decorar.

1. Si usa castañas frescas, colóquelas con el lado plano hacia abajo sobre una tabla de cortar. Utilice un cuchillo pequeño y afilado para hacer un corte en la cáscara sin cortar la nuez. Coloca las castañas en una cacerola con agua fría hasta cubrirlas dos centímetros y sal. Llevar a ebullición y cocinar hasta que estén tiernos al pincharlos con un cuchillo, aproximadamente 15 minutos. Déjalo enfriar un poco en el agua. Sacar las castañas del agua, una a la vez, y pelarlas mientras aún estén calientes, quitando tanto la cáscara exterior como la interior.

dos.Coloca las castañas peladas o envasadas al vacío en una cacerola mediana. Agrega la leche y el azúcar y deja hervir. Tape y cocine, revolviendo ocasionalmente, hasta que las castañas estén suaves pero aún mantengan su forma, aprox. 10 minutos para comprimidos envasados al vacío o 20 minutos para comprimidos frescos.

3.Coloca las castañas y el líquido de cocción en el procesador de alimentos junto con el ron. Procese hasta que quede suave, aproximadamente 3 minutos. Agrega el chocolate derretido. Dejar enfriar a temperatura ambiente.

4.Coloque la mezcla en un procesador de alimentos con una hoja grande o un pasapurés de patatas. Sosteniendo el molinillo en un plato para servir, haga rodar la mezcla de nueces sobre la cuchilla para formar un cono o forma de "montaña". (Se puede preparar con hasta 3 horas de anticipación. Cubra con una envoltura de plástico y guárdelo a temperatura ambiente fresca).

5.Al menos 20 minutos antes de servir, refrigera un bol grande y bate con una batidora eléctrica. Coge el recipiente y sácalo del frigorífico. Vierta la crema en el bol y bátala a velocidad alta hasta que mantenga suavemente su forma cuando se levantan los batidores, aproximadamente 4 minutos.

6.Verter la nata sobre la "montaña" de castaños y dejar caer suavemente desde arriba como nieve. Decorar con chocolate rallado.

Pudin de chocolate

Crema de chocolate

Rinde 8 porciones

El cacao, el chocolate y la nata hacen que este postre sea rico, cremoso y delicioso. Servir en porciones pequeñas con nata y chocolate rallado.

dos/3 taza de azúcar

11/4 taza de maicena

3 cucharadas de cacao en polvo sin azúcar

11/4 cucharadita de sal

2 vasos de leche entera

1 taza de crema

4 onzas de chocolate amargo o semidulce, picado, más extra para decorar (opcional)

1.En un tazón grande, tamice 1/3 taza de azúcar, maicena, cacao y sal. Agregue 1/4 taza de leche hasta que quede suave y bien combinada.

dos.En una cacerola grande, combine 1/3 taza de azúcar, 13/4 taza de leche y crema. Cocine a fuego medio, revolviendo constantemente, hasta que el azúcar se disuelva y la mezcla hierva, aprox. 3 minutos

3.Incorpora la mezcla de cacao a la mezcla de leche caliente con una batidora eléctrica. Cocine revolviendo hasta que la mezcla hierva. Reduzca el fuego y cocine hasta que espese y quede suave, 1 minuto más.

4.Vierte el contenido de la sartén en un bol grande. Agrega el chocolate y revuelve hasta que se derrita y quede suave. Cubra bien con film transparente, colocando el papel cerca de la superficie del pudín para evitar que se forme costra. Refrigere hasta que esté frío, de 3 horas a toda la noche.

5.Para servir, coloque el pudín en un plato de postre. Si se desea decorar con un poco de chocolate rallado y servir.

Arroz con chispas de chocolate

Arroz con Leche de Chocolate

Rinde 6 porciones

Comí este arroz cremoso en Bolonia, donde las tortas de arroz y los flanes son muy populares. No fue hasta que lo probé que me di cuenta de que lo que parecían pasas en realidad eran pequeños trozos de chocolate amargo. La crema batida ilumina este rico pudín, elaborado con arroz italiano de grano medio. Servido solo o acompañadoSalsa de frambuesa para todo el añoninguno de ellossalsa de chocolate caliente.

6 vasos de leche entera

31/4 taza de arroz de grano mediano, como Arborio, Carnaroli o Vialone Nano

11/2 cucharadita de sal

31/4 taza de azúcar

2 cucharadas de ron oscuro o brandy

1 cucharadita de extracto puro de vainilla

1 taza de crema o crema batida

3 onzas de chocolate amargo picado

1.En una cacerola grande, combine la leche, el arroz y la sal. Hierva la leche y cocine, revolviendo ocasionalmente, hasta que el arroz esté muy tierno y la leche se absorba, aproximadamente 35 minutos.

dos.Transfiera el arroz cocido a un tazón grande. Agrega el azúcar y deja enfriar a temperatura ambiente. Agrega el ron y la vainilla.

3.Al menos 20 minutos antes de hacer el postre, coloca un bol grande y bátelo en el frigorífico con una batidora eléctrica.

4.Sacar el bol y los palitos del frigorífico cuando estén fríos. Vierta la crema en el bol y bátala a velocidad alta hasta que mantenga suavemente su forma cuando se levantan los batidores, aproximadamente 4 minutos.

5.Con una espátula flexible, mezcle la nata montada y el chocolate picado con la mezcla de arroz. Sirva inmediatamente o cubra y refrigere.

Crema de caramelo de café

pan de cafe

Rinde 6 porciones

Esta antigua receta toscana tiene la consistencia de una crema de caramelo, pero no contiene leche ni nata. La crema es rica, oscura y densa, pero no tan espesa como si estuviera hecha con nata. El nombre italiano indica que en la antigüedad se horneaba en forma de una hogaza parecida al pan, espesa en italiano.

2 tazas de espresso fuerte y caliente

1 1/2 dl de azúcar

2 cucharadas de agua

5 huevos grandes

1 cucharada de ron o brandy

1. Coloca una rejilla en el centro del horno. Precalienta el horno a 350° F. Prepara 6 tazas de crema resistente al calor.

dos.En un tazón grande, mezcla el espresso con 3/4 taza de azúcar hasta que el azúcar se disuelva. Dejar hasta que el café esté a temperatura ambiente, aproximadamente 30 minutos.

3.En una cacerola pequeña y pesada, combine los 3/4 de taza restantes de azúcar y agua. Cocine a fuego medio, revolviendo ocasionalmente, hasta que el azúcar se disuelva por completo, aproximadamente 3 minutos. Cuando la mezcla empiece a hervir, deja de revolver y cocina hasta que el almíbar empiece a dorarse por los bordes. Luego, revuelva suavemente la sartén y caliente hasta que el almíbar tenga un color dorado uniforme, aproximadamente 2 minutos más. Protégete la mano con un guante de cocina e inmediatamente vierte el caramelo caliente en los vasitos de nata.

4.En un tazón grande, bata los huevos hasta que se combinen. Agrega el café helado y el ron. Pasar la mezcla por un colador de malla fina a un bol y añadir a los moldes de nata.

5.Coloque las tazas en una bandeja para hornear grande. Coloque la sartén en el centro del horno y vierta agua caliente en la sartén hasta una profundidad de 1 pulgada. Hornee durante 30 minutos o hasta que al insertar un cuchillo a 1/2 pulgada del centro de la crema, éste salga limpio. Mueva las tazas de la sartén a una rejilla para que se enfríen. Cubra y refrigere por al menos 3 horas o toda la noche.

6.Para servir, pase un cuchillo pequeño por el interior de cada taza de crema. Invierte en un plato y sirve inmediatamente.

Crema de chocolate y caramelo

Crema de chocolate y caramelo

Rinde 6 porciones

Creme Caramel es una crema horneada suave y sedosa. Me gusta esta versión, con sabor a chocolate que comí en Roma.

CONFITERÍA

31/4 taza de azúcar

2 cucharadas de agua

crema

2 vasos de leche entera

4 onzas de chocolate amargo o semidulce, picado

31/4 taza de azúcar

4 huevos grandes

2 yemas de huevo grandes

1.Coloca una rejilla en el centro del horno. Precalienta el horno a 350° F. Prepara 6 tazas de crema resistente al calor.

dos.Hacer el caramelo: combinar el azúcar y el agua en una cacerola pesada. Cocine a fuego medio, revolviendo ocasionalmente, hasta que el azúcar se disuelva por completo, aproximadamente 3 minutos. Cuando la mezcla empiece a hervir, deja de revolver y cocina hasta que el almíbar empiece a dorarse por los bordes. Luego, revuelva suavemente la sartén y caliente hasta que el almíbar tenga un color dorado uniforme, aproximadamente 2 minutos más. Protégete la mano con un guante de cocina e inmediatamente vierte el caramelo caliente en los vasitos de nata.

3.Hacer la nata: En un cazo pequeño calentar la leche a fuego lento hasta que se formen pequeñas burbujas en los bordes. Alejar del calor. Agrega el chocolate y los 3/4 dl restantes de azúcar y deja reposar hasta que el chocolate se derrita. Revuelva hasta que se combinen.

4.En un tazón grande, bata los huevos y las yemas hasta que se combinen. Agrega el chocolate a la leche. Pasar la mezcla por un colador de malla fina a un bol y añadir a los moldes de nata.

5.Coloque las tazas en una bandeja para hornear grande. Colocar en el centro del horno. Vierta con cuidado agua caliente en la sartén hasta una profundidad de 1 pulgada. Hornee durante 20 a 25 minutos o hasta que al insertar un cuchillo 1/2 pulgada en el centro de la natilla, éste salga limpio. Mueva las tazas de la sartén a una rejilla para que se enfríen. Cubra y refrigere por al menos 3 horas o toda la noche.

6.Para servir, pase un cuchillo pequeño por el interior de cada taza de crema. Invierte en un plato y sirve inmediatamente.

Crema de caramelo amaretti

HUESOS

Rinde 8 porciones

Los copos suelen ser suaves, pero esta versión piamontesa tiene un agradable grano porque está hecha con galletas amaretti trituradas. A menudo se cocina en un cuenco y el nombre proviene de una palabra dialectal para la copa de un sombrero. Prefiero hornearlo en un molde para pasteles (no en un molde desmontable) porque es más fácil de cortar y servir de esa manera.

CONFITERÍA

dos/3 taza de azúcar

11/4 taza de agua

crema

3 tazas de leche entera

4 huevos grandes

1 taza de azúcar

1 taza de cacao en polvo sin azúcar procesado en los Países Bajos

3/4 taza de galletas amaretti italianas importadas finamente molidas (unas 12)

2 cucharadas de ron oscuro

1 cucharadita de extracto puro de vainilla

1. Hacer el caramelo: combinar el azúcar y el agua en una cacerola pesada. Cocine a fuego medio, revolviendo ocasionalmente, hasta que el azúcar se disuelva por completo, aproximadamente 3 minutos. Cuando la mezcla empiece a hervir, deja de revolver y cocina hasta que el almíbar empiece a dorarse por los bordes. Luego, revuelva suavemente la sartén y caliente hasta que el almíbar tenga un color dorado uniforme, aproximadamente 2 minutos más. Proteja su mano con un guante de cocina e inmediatamente vierta el caramelo en un

molde para pasteles de 8 o 9 pulgadas. Incline la sartén para cubrir el fondo y algunos lados con caramelo.

dos.Coloca una rejilla en el centro del horno. Precalienta el horno a 325° F. Coloca una bandeja para hornear lo suficientemente grande como para sostener la bandeja en el centro del horno.

3.Hacer la nata: Calentar la leche en una cacerola grande a fuego lento hasta que se formen pequeñas burbujas en el borde.

4.Mientras tanto, bata los huevos con el azúcar en un tazón grande hasta que se combinen. Agrega el cacao, el bizcocho rallado, el ron y la vainilla. Agrega poco a poco la leche tibia.

5.Vierta la mezcla de cuajada a través de un colador de malla fina en la fuente para hornear preparada. Coloque la sartén en el centro de la sartén. Vierta con cuidado agua muy caliente en la sartén hasta una profundidad de 1 pulgada.

6.Hornee durante 1 hora y 10 minutos o hasta que la parte superior esté firme pero el centro todavía esté ligeramente curvado. (Proteja su mano con un guante de cocina y agite suavemente la sartén). Prepare una rejilla para enfriar. Transfiera el molde a una rejilla y déjelo enfriar durante 15 minutos. Cubra y refrigere durante 3 horas hasta toda la noche.

7.Pasa un cuchillo pequeño por el borde interior del molde para quitar el moho. Voltear la nata en un plato. Cortar para servir inmediatamente.

Almíbar simple para granizado

Rinde 11/4 tazas

Si deseas hacer granizado en cualquier momento, duplica o triplica la receta y guárdalo en un recipiente hermético en el refrigerador hasta por dos semanas.

1 vaso de agua fría

1 taza de azúcar

1.Combine el agua y el azúcar en una cacerola pequeña. Llevar a ebullición a fuego medio y cocinar, revolviendo ocasionalmente, hasta que el azúcar se disuelva, aproximadamente 3 minutos.

dos.Deja que el almíbar se enfríe un poco. Vierta en un recipiente, cubra y refrigere hasta que esté listo para usar.

granito de limón

granito de limón

Rinde 6 porciones

El mejor refresco de verano: sírvalo como está con una rodaja de limón y una ramita de menta o mézclelo con cócteles de verano. El granizado de limón también es un buen affogato, que significa "cubierto", con un chorrito de grappa o limoncello, el delicioso licor de limón de Capri.

1 vaso de agua

dos/3 taza de azúcar

21/2dl de cubitos de hielo

1 cucharadita de cáscara de limón

11/2 taza de jugo de limón recién exprimido

1.Combine el agua y el azúcar en una cacerola pequeña. Llevar a ebullición a fuego medio y cocinar, revolviendo ocasionalmente, hasta que el azúcar se disuelva, aproximadamente 3 minutos. Déjalo enfriar un poco. Coloque los cubitos de hielo en un tazón grande y vierta el almíbar sobre los cubitos de hielo. Revuelve hasta que el hielo se derrita. Refrigere hasta que esté frío, aproximadamente 1 hora.

dos.Enfríe un molde de metal de 13 x 9 x 2 pulgadas en el refrigerador. En un tazón mediano, mezcle el almíbar de azúcar, la ralladura de limón y el jugo de limón. Saca la sartén del congelador y vierte la mezcla en ella. Congele durante 30 minutos o hasta que se forme un borde de cristales de hielo de 1 pulgada alrededor de los bordes.

3.Mezcla los cristales de hielo en el centro de la mezcla. Regrese la sartén al congelador y continúe enfriando, revolviendo cada 30 minutos, hasta que aproximadamente todo el líquido se congele. De 2 a 21/2 horas. Sirve inmediatamente o vierte la mezcla en un recipiente de plástico, tapa y refrigera hasta por 24 horas.

4.Si es necesario, sacar del congelador para que se ablanden aprox. 15 minutos antes de servir.

sandia congelada

granizado de sandía

Rinde 6 porciones

El sabor de este granizado es tan concentrado y el frescor tan refrescante que puede ser incluso mejor que la sandía fresca. Es uno de los favoritos en Sicilia, donde el verano puede ser extremadamente caluroso.

1 vaso de agua

1 1/2 taza de azúcar

4 tazas de trozos de sandía, sin hueso

2 cucharadas de jugo de limón fresco o al gusto

1. Mezcla agua y azúcar en una cacerola pequeña. Llevar a ebullición a fuego medio y cocinar, revolviendo ocasionalmente, hasta que el azúcar se disuelva, aproximadamente 3 minutos. Deje enfriar un poco y refrigere hasta que esté frío, aproximadamente 1 hora.

dos. Enfríe un molde de metal de 13 x 9 x 2 pulgadas en el refrigerador. Coloque los trozos de sandía en una licuadora o procesador de alimentos y mezcle hasta que quede suave. Colar a través de un colador de malla fina en un bol para eliminar los restos de semillas. Deberías tener unas 2 tazas de líquido.

3. En un tazón grande, combine el caldo y el almíbar. Agrega jugo de limón al gusto.

4. Saca la sartén del congelador y vierte la mezcla en ella. Congele durante 30 minutos o hasta que se forme un borde de cristales de hielo de 1 pulgada alrededor de los bordes. Mezcla los cristales de hielo en el centro de la mezcla. Regrese la sartén al congelador y continúe enfriando, revolviendo cada 30 minutos, hasta que aproximadamente todo el líquido se congele. De 2 a 2 1/2 horas. Sirve inmediatamente o vierte la mezcla en un recipiente de plástico, tapa y refrigera hasta por 24 horas.

5. Si es necesario, sacar del congelador para que se ablanden aprox. 15 minutos antes de servir.

granito mandarina

granito mandarín

Rinde 4 porciones

El sur de Italia es rico en todo tipo de cítricos. Tenía este granito en Taranto, Puglia. De esta forma puedes preparar jugo de mandarina, tangelo, clementina o mandarina.

No caigas en la tentación de agregar más licor a esta mezcla o el alcohol puede impedir que se congele.

1 taza fríajarabe común

1 taza de jugo de mandarina fresco (unas 4 mandarinas medianas)

1 cucharadita de cáscara de mandarina recién rallada

2 cucharadas de licor de mandarina o naranja

1.Prepare almíbar simple si es necesario y refrigere. Luego coloque una bandeja de metal de 13 x 9 x 2 pulgadas en el refrigerador.

dos.En un tazón grande, mezcle el caldo, la ralladura, el almíbar y el licor hasta que estén bien combinados. Saca la sartén fría del congelador y vierte el líquido en ella.

3.Refrigere la sartén durante 30 minutos o hasta que se forme un borde de cristales de hielo de 1 pulgada alrededor de los bordes. Mezcla los cristales de hielo en el centro de la mezcla. Regrese la sartén al congelador y continúe enfriando, revolviendo cada 30 minutos, hasta que aproximadamente todo el líquido se congele. De 2 a 21/2 horas. Sirve inmediatamente o vierte la mezcla en un recipiente de plástico, tapa y refrigera hasta por 24 horas.

4.Si es necesario, sacar del congelador para que se ablanden aprox. 15 minutos antes de servir.

Granizado De Vino De Fresa

Granita di Fragola al Vino

Rinde de 6 a 8 porciones

Con fresas frescas y maduras queda delicioso, pero las fresas normales también quedan buenas en este granizado.

2 tazas de fresas lavadas y peladas

1 1/2 taza de azúcar o al gusto

1 taza de vino blanco seco

2 o 3 cucharadas de jugo de limón fresco

1. Coloque un molde de 13 x 9 x 2 pulgadas en el refrigerador para que se enfríe. Corta las fresas por la mitad o, si son grandes, en cuartos. Coloca las fresas, el azúcar y el vino en una cacerola grande. Llevar a ebullición y cocinar durante 5 minutos, revolviendo ocasionalmente, hasta que el azúcar se disuelva. Retirar del fuego y dejar enfriar. Refrigere hasta que esté frío, al menos 1 hora.

dos.Vierta la mezcla en un procesador de alimentos o licuadora. Haga puré hasta que quede suave. Agrega jugo de limón al gusto.

3.Saca el molde enfriado del congelador y vierte la mezcla en el molde. Refrigere la sartén durante 30 minutos o hasta que se forme un borde de cristales de hielo de 1 pulgada alrededor de los bordes. Mezcla los cristales de hielo en el centro de la mezcla. Regrese la sartén al congelador y continúe enfriando, revolviendo cada 30 minutos, hasta que aproximadamente todo el líquido se congele. De 2 a 21/2 horas. Sirve inmediatamente o vierte la mezcla en un recipiente de plástico, tapa y refrigera hasta por 24 horas.

4.Si es necesario, sacar del congelador para que se ablanden aprox. 15 minutos antes de servir.

granito para cafe

Café Granito

Rinde 8 porciones

Caffè Tazza d'Oro, cerca del Panteón de Roma, elabora uno de los mejores cafés de la ciudad. En verano, tanto los turistas como los lugareños ofrecen su granita di caffè, un helado a base de espresso servido con o sin una cucharada de crema batida fresca. Es fácil de preparar y refrescante después de una comida de verano.

4 vasos de agua

5 cucharaditas colmadas de espresso instantáneo en polvo

2 a 4 cucharadas de azúcar

Crema batida (opcional)

1.Coloque un molde de 13 x 9 x 2 pulgadas en el refrigerador para que se enfríe. Lleve el agua a ebullición. Alejar del calor. Agregue espresso instantáneo en polvo y azúcar al gusto. Déjalo enfriar un poco y tapa. Refrigere hasta que esté frío, aproximadamente 1 hora.

dos.Saca la sartén fría del congelador y vierte el café en ella. Congele hasta que se forme un borde de cristales de hielo de 1 pulgada alrededor de los bordes. Mezcla los cristales de hielo en el centro de la mezcla. Regrese la sartén al congelador y continúe enfriando, revolviendo cada 30 minutos, hasta que aproximadamente todo el líquido se congele. De 2 a 21/2 horas.

3.Sirva inmediatamente, cubierto con crema batida, si la usa, o coloque la mezcla en un recipiente de plástico, cubra y refrigere por hasta 24 horas.

4.Si es necesario, sacar del congelador para que se ablanden aprox. 15 minutos antes de servir.

Granito de cítricos y alcanfor.

Granita di Grumi y Campari

Rinde 6 porciones

Campari, un aperitivo de color rojo brillante, a menudo se bebe con hielo o se mezcla con refresco antes de las comidas. Para este granizado se combina con jugo de cítricos. Campari tiene un agradable toque amargo que resulta muy refrescante y el granito tiene un bonito color rosa.

1 vaso de agua

11/2 taza de azúcar

2 tazas de jugo de toronja recién exprimido

1 taza de jugo de naranja recién exprimido

1 cucharadita de piel de naranja

34/4 taza de Campari

1.Coloque un molde de 13 x 9 x 2 pulgadas en el refrigerador para que se enfríe durante al menos 15 minutos. Mezcla agua y azúcar en una cacerola pequeña. Llevar a ebullición a fuego medio y cocinar, revolviendo ocasionalmente, hasta que el azúcar se disuelva. Mezclar bien. Retirar del fuego y dejar enfriar. Enfriar el almíbar.

dos.Agrega el almíbar frío, el jugo, el Campari y la ralladura de naranja.

3.Saca el molde enfriado del congelador y vierte la mezcla en el molde. Refrigere la sartén durante 30 minutos o hasta que se forme un borde de cristales de hielo de 1 pulgada alrededor de los bordes. Mezcla los cristales de hielo en el centro de la mezcla. Regrese la sartén al congelador y continúe enfriando, revolviendo cada 30 minutos, hasta que aproximadamente todo el líquido se congele. De 2 a 21/2 horas. Sirve inmediatamente o vierte la mezcla en un recipiente de plástico, tapa y refrigera hasta por 24 horas.

4.Si es necesario, sacar del congelador para que se ablanden aprox. 15 minutos antes de servir.

Granizado de melocotón blanco y prosecco

Granita di Pesche y Prosecco

Rinde 6 porciones

Este granito está inspirado en el Bellini, un delicioso cóctel que se hizo famoso en el Harry's Bar de Venecia. Un Bellini se elabora con jugo de melocotón blanco y prosecco, un vino blanco espumoso de la región del Véneto.

El azúcar granulada se mezcla más fácilmente que el azúcar granulada, pero si no puedes encontrarla, usa algojarabe comúndemostrar.

5 duraznos blancos medianos maduros, pelados y cortados en trozos

11/2 taza de azúcar extrafina

2 cucharadas de jugo de limón fresco o al gusto

1 taza de prosecco u otro vino blanco seco espumoso

1.Coloque un molde de 13 x 9 x 2 pulgadas en el refrigerador para que se enfríe durante al menos 15 minutos. Coloca los duraznos, el azúcar glass y el jugo de limón en una licuadora o procesador de alimentos. Revuelve o procesa hasta que el azúcar se disuelva por completo. Agrega el vino.

dos.Saca el molde enfriado del congelador y vierte la mezcla en el molde. Refrigere la sartén durante 30 minutos o hasta que se forme un borde de cristales de hielo de 1 pulgada alrededor de los bordes. Mezcla los cristales de hielo en el centro de la mezcla. Regrese la sartén al congelador y continúe enfriando, revolviendo cada 30 minutos, hasta que aproximadamente todo el líquido se congele. De 2 a 21⁄2 horas. Sirve inmediatamente o vierte la mezcla en un recipiente de plástico, tapa y refrigera hasta por 24 horas.

3.Si es necesario, sacar del congelador para que se ablanden aprox. 15 minutos antes de servir.

helado de chocolate

Helado de chocolate

Rinde 6 porciones

El helado es un postre helado de textura suave que contiene leche o claras de huevo para darle cremosidad. Esta es mi versión del helado que tomé en Caffè Florian, un histórico café y salón de té en la Piazza San Marco de Venecia.

11/2 taza de azúcar

3 onzas de chocolate amargo, desmenuzado

1 vaso de agua

1 taza de leche entera

1. En una cacerola pequeña, mezcla todos los ingredientes. Llevar a ebullición a temperatura media. Cocine, revolviendo con frecuencia, hasta que esté bien combinado y suave, aproximadamente 5 minutos.

dos.Vierte la mezcla en un tazón mediano. Cubra y refrigere hasta que esté frío.

3.Siga las instrucciones del fabricante en el refrigerador o congélelo en recipientes poco profundos hasta que esté firme pero no duro, aprox. 2 horas. Vierta la mezcla en un bol y mezcle hasta que quede suave. Empacar en un recipiente de plástico, tapar y guardar en el frigorífico. Servir durante 24 horas.

Granizado de limón y prosecco

desenterrar

Rinde 4 porciones

A los venecianos les gusta terminar sus comidas con un sgroppino, un granizado sofisticado y cremoso con sorbete de limón batido con prosecco, un vino blanco seco y espumoso. Hay que prepararlo en el último momento y es un postre divertido de preparar en la mesa. A mí me gusta servirlo en una copa de martini. Utilice una pajita de limón comprada en una tienda de buena calidad. No es tradicional, pero el naranja también quedaría bien.

1 taza de helado de limón

1 taza de prosecco u otro vino espumoso seco bien frío

ramitas de menta

1. Unas horas antes de servir el postre, coloca 4 vasos altos o vasos de parfait en el frigorífico.

dos.Justo antes de servir, saca la pajita del congelador. Déjelo a temperatura ambiente hasta que esté lo suficientemente suave como para retirarlo, aproximadamente 10 minutos. Vierta la pajita en un tazón mediano. Batir hasta que quede suave y cremoso.

3.Agrega lentamente el prosecco y mezcla rápidamente con un batidor hasta que esté cremoso y suave. Vierta rápidamente el barro en copas de vino frías o copas de martini. Decora con menta. Servir inmediatamente.

Granizado Prosecco Rosa

Sgroppino alle Fragole

Rinde 6 porciones

Si las fresas frescas del supermercado no están maduras ni fragantes, intente usar fresas congeladas para este postre fácil.

1 taza de fresas en rodajas

1 a 2 cucharadas de azúcar

1 taza de helado de limón

1 taza de prosecco u otro vino espumoso seco

Fresas frescas pequeñas o rodajas de limón para decorar

1.Unas horas antes de servir el postre, coloca 6 vasos altos o vasos de parfait en el frigorífico.

dos.Coloca las fresas y 1 cucharada de azúcar en un procesador de alimentos o licuadora. Licúa las frutas hasta que quede suave. Disfruta la dulzura. Agrega más azúcar si es necesario.

3.Justo antes de servir, saca la pajita del congelador. Déjelo a temperatura ambiente hasta que esté lo suficientemente suave como para retirarlo, aproximadamente 10 minutos. Vierta la pajita en un tazón mediano. Batir hasta que quede suave y cremoso. Agrega el puré de fresa. Agrega rápidamente el vino y mezcla hasta obtener una mezcla suave y cremosa. Vierta en vasos fríos. Decora con fresas o rodajas de limón y sirve inmediatamente.

helado"

helado

Rinde de 6 a 8 porciones

Un toque de sabor a limón en este helado ligero y fresco. Me gusta hacer esto cuando las fresas locales están en temporada y servirlas junto.

3 tazas de leche entera

4 yemas de huevo

dos/3 taza de azúcar

1 cucharadita de extracto puro de vainilla

1 cucharadita de cáscara de limón

1.En una cacerola mediana, calienta la leche a fuego medio hasta que se formen pequeñas burbujas alrededor del borde de la cacerola. No hiervas la leche. Alejar del calor.

dos. Batir las yemas de huevo y el azúcar en un recipiente resistente al calor hasta que estén muy espesos y bien combinados. Agrega la leche tibia, poco a poco al principio, revolviendo constantemente hasta incorporar toda la leche. Agrega la ralladura de limón.

3. Vierta la mezcla nuevamente en la sartén. Colocamos la sartén a fuego medio. Cocine, revolviendo constantemente con una cuchara de madera, hasta que el vapor comience a subir de la sartén y la crema se espese un poco, aproximadamente 5 minutos.

4. Vierta la nata a través de un colador en un bol. Agrega la vainilla. Deje enfriar un poco, cubra y refrigere hasta que esté completamente frío, aproximadamente 1 hora.

5. Congele en una máquina para hacer helados según las instrucciones del fabricante. Empaque el helado en un recipiente de plástico, tápelo y congélelo por hasta 24 horas.

helado de limon

helado de limon

Rinde de 3 a 4 porciones

Necesitas de dos a tres limones grandes para obtener suficiente jugo y ralladura para este sencillo y delicioso helado.

11/2 taza de jugo de limón recién exprimido

1 cucharada de piel de limón recién rallada

1 taza de azúcar

1 litro mitad y mitad

1.Combine el jugo de limón, la ralladura y el azúcar en un tazón mediano y mezcle bien. Déjalo actuar durante 30 minutos.

dos.Agrega la mitad y la mitad y mezcla bien. Vierte la mezcla en el recipiente de una heladera y sigue las instrucciones del fabricante para congelar.

3.Empaque el helado en un recipiente de plástico, tápelo y congélelo por hasta 24 horas.

helado de ricota

helado de ricota

Rinde de 6 a 8 porciones

El helado de ricotta es uno de los sabores favoritos de Giolitti, una de las grandes heladerías romanas. Cada noche de verano, grandes multitudes se reúnen para comprar conos llenos de sus deliciosas flores.

A la mezcla de helado se pueden añadir unas cucharadas de chocolate picado o pistachos. Sirve este rico helado en porciones pequeñas, regado con un poco de licor de naranja o ron, si lo deseas.

Las cáscaras de naranja y limón confitadas están disponibles en tiendas especializadas de Italia y Oriente Medio o por correo.Fuentes.

16 onzas de ricotta fresca, entera o semidescremada

11/2 taza de azúcar

2 cucharadas de Marsala dulce o seca

1 cucharadita de extracto puro de vainilla

11/2 taza de crema fría o crema batida

2 cucharadas de limón rallado

2 cucharadas de piel de naranja confitada picada

1.Al menos 20 minutos antes de hacer el postre, coloca un bol grande y bátelo en el frigorífico con una batidora eléctrica. Coloque la ricota en un colador de malla fina colocado sobre un bol. Use una espátula de goma para empujar la ricota a través del colador y dentro del tazón. Agrega el azúcar, Marsala y la vainilla.

dos.Coge el recipiente y sácalo del frigorífico. Vierta la crema en el bol y bátala a velocidad alta hasta que mantenga suavemente su forma cuando se levantan los batidores, aproximadamente 4 minutos.

3.Con una espátula flexible, incorpora la nata, la sidra y la ralladura a la mezcla de ricotta. Vierta la mezcla en el recipiente de la heladera y congélela según las instrucciones del fabricante.

4.Empaque el helado en un recipiente de plástico, tápelo y congélelo por hasta 24 horas.

helado de mascarpone

helado de mascarpone

Rinde 4 porciones

El mascarpone lo hace más rico que el helado normal.

1 taza de leche entera

1 taza de azúcar

1 1/2 taza de mascarpone

1 1/2 taza de jugo de limón recién exprimido

1 cucharadita de cáscara de limón

1.Combine la leche y el azúcar en una cacerola pequeña. Cocine a fuego lento, revolviendo constantemente, hasta que el azúcar se disuelva, aproximadamente 3 minutos. Déjalo enfriar un poco.

dos.Agrega el mascarpone y bate hasta que quede suave. Agrega el jugo y la ralladura de limón.

3.Congele en una máquina para hacer helados según las instrucciones del fabricante.

4.Empaque el helado en un recipiente de plástico, tápelo y congélelo por hasta 24 horas.

helado de canela

helado de canela

Rinde 6 porciones

Un vino en Italia hace unos años se servía con este helado. Salsa picante de frutos rojos, y felizmente lo comí una y otra vez. El helado es delicioso solo o pruébalo con él. salsa moca.

2 vasos de leche entera

1 taza de crema

1 tira (2 pulgadas) de ralladura de limón

1 1/2 cucharadita de canela en polvo

4 yemas de huevo grandes

1 1/2 taza de azúcar

1. Mezcla la leche, la nata, la ralladura de limón y la canela en una cacerola mediana. Calentar a fuego lento hasta que se formen pequeñas burbujas en los bordes. Alejar del calor.

dos.Batir las yemas de huevo y el azúcar en un recipiente grande resistente al calor hasta que estén espumosos. Vierta poco a poco la leche caliente en la mezcla de yemas de huevo, batiendo hasta que se combinen.

3.Vierta la mezcla nuevamente en la sartén. Colocamos la sartén a fuego medio. Cocine, revolviendo constantemente con una cuchara de madera, hasta que el vapor comience a subir de la sartén y la crema se espese un poco, aproximadamente 5 minutos.

4.Vierta la nata a través de un colador en un bol. Dejelo enfriar. Cubra y refrigere durante al menos 1 hora o toda la noche. (Para enfriar la mezcla de crema rápidamente, viértala en un recipiente más grande lleno de agua helada. Revuelva la mezcla con frecuencia).

5.Congela la mezcla en un congelador según las instrucciones del fabricante. Empaque el helado en un recipiente de plástico, tápelo y congélelo por hasta 24 horas.

helado expreso

helado de café

Rinde de 6 a 8 porciones

En casa, la mayoría de los italianos preparan el café en una olla especialmente diseñada sobre la estufa. Empuja vapor caliente, no agua caliente, a través del café, convirtiéndolo en un espresso clásico.

Pero puedes preparar un buen café con granos de espresso en una cafetera normal. Sólo asegúrese de utilizar un espresso fuerte y de calidad, especialmente para este helado. El es coronado celestialsalsa de chocolate caliente.

2 vasos de leche entera

dos/3 taza de azúcar

3 yemas de huevo grandes

1 taza de espresso fuerte

1.En una cacerola pequeña, caliente la leche y el azúcar hasta que se formen pequeñas burbujas en los bordes, aproximadamente 3 minutos. Revolver hasta que el azúcar se disuelva.

dos.En un recipiente grande resistente al calor, bata las yemas de huevo hasta que estén pálidas. Agrega poco a poco la leche tibia. Vierta la mezcla en la sartén. Cocina a fuego lento, revolviendo constantemente con una cuchara de madera, hasta que el vapor se desprenda de la superficie y la mezcla espese un poco. Vierta inmediatamente la mezcla a través de un colador de malla fina en un bol. Agrega el café preparado. Cubra y refrigere por al menos 1 hora.

3.Congela la mezcla en un congelador según las instrucciones del fabricante. Empaque el helado en un recipiente de plástico, tápelo y congélelo por hasta 24 horas.

Helado de nueces y caramelo

Gelato Noci

Rinde 6 porciones

Vierte un poco de ron o brandy sobre el helado antes de servir.

1 1/4 dl de azúcar

1 1/4 taza de agua

1 taza de crema

2 vasos de leche entera

5 yemas de huevo grandes

1 cucharadita de extracto puro de vainilla

3 1/4 taza de nueces

1. Combine el azúcar y el agua en una cacerola pequeña y pesada. Cocine a fuego medio, revolviendo ocasionalmente, hasta que el azúcar se disuelva por completo, aproximadamente

3 minutos. Cuando la mezcla empiece a hervir, deja de revolver y cocina hasta que el almíbar empiece a dorarse por los bordes. Luego, revuelva suavemente la sartén y caliente hasta que el almíbar tenga un color dorado uniforme, aproximadamente 2 minutos más.

dos.Retire la sartén del fuego. Cuando deje de hincharse verter la nata con cuidado, ya que el caramelo podría hincharse. Una vez añadida toda la nata, el caramelo se endurece. Volvemos a poner la sartén al fuego. Cocine, revolviendo constantemente, hasta que el caramelo esté líquido y suave. Vierta la mezcla en un tazón grande.

3.En la misma sartén, calienta la leche hasta que se formen pequeñas burbujas alrededor del borde de la sartén, aproximadamente 3 minutos.

4.En un tazón mediano resistente al calor, bata las yemas de huevo con 1/4 taza de azúcar hasta que estén bien combinadas. Agrega poco a poco la leche tibia. Vierte la mezcla en la sartén y calienta a fuego lento, revolviendo constantemente hasta que salga un poco de vapor de la superficie y la mezcla espese un poco.

5.Vierta inmediatamente la mezcla de yemas a través de un colador de malla fina en el recipiente de caramelo. Agrega la vainilla y mezcla hasta que quede suave. Cubra y refrigere por al menos 1 hora.

6.Coloca una rejilla en el centro del horno. Precalienta el horno a 350° F. Extiende las nueces en una sartén pequeña. Hornee, revolviendo una o dos veces, durante 10 minutos o hasta que esté ligeramente dorado. Frote los trozos de nuez con una toalla para quitar parte de la cáscara. Dejelo enfriar. Cortarlos en trozos grandes.

7.Congela la mezcla en un congelador según las instrucciones del fabricante.

8.Cuando el helado esté listo agrega las nueces. Empaque el helado en un recipiente de plástico, tápelo y congélelo por hasta 24 horas.

Helado de miel con turrón

Helado de miel de torrón

Rinde 6 porciones

A los italianos les encanta la miel, especialmente si es producida por abejas que polinizan flores y árboles aromáticos como la lavanda y el castaño. La miel se unta sobre tostadas, se unta con queso y se usa para cocinar. Este helado se aromatiza según el tipo de miel que se utilice, así que busca uno con un sabor interesante.

Hay dos tipos de turrón en Italia. Uno de ellos es un turrón más blando, elaborado con miel, claras de huevo y nueces. El segundo tipo, fácil de hacer en casa (veralmendra loca), es un praliné duro, elaborado con azúcar, agua y frutos secos. Ambos tipos de turrón también se venden en barritas y se encuentran en los supermercados y panaderías italianas, especialmente en época navideña.

El relleno de turrón es opcional, pero está muy bueno. Se pueden utilizar tanto blandos como duros.

2 vasos de leche entera

4 yemas de huevo grandes

11/2 taza de miel

1 taza de crema

Unas 6 cucharadas de ron o brandy

11/2 taza de turrón rallado fino (opcional)

1.En una cacerola mediana, calienta la leche a fuego lento hasta que se formen pequeñas burbujas alrededor del borde de la cacerola, aproximadamente 3 minutos.

dos.En un tazón grande resistente al calor, mezcle las yemas de huevo y la miel hasta que quede suave. Agrega poco a poco la leche tibia. Vierta la mezcla en la sartén y hierva, revolviendo constantemente, hasta que el vapor suba de la superficie y la mezcla se espese un poco.

3.Vierta inmediatamente la mezcla a través de un colador de malla fina en un bol. Añade la nata. Cubra y refrigere hasta que esté frío, aproximadamente 1 hora.

4.Congela la mezcla en un congelador según las instrucciones del fabricante. Empaque el helado en un recipiente de plástico. Cubra y congele por hasta 24 horas. Sirve cada porción rematada con un chorrito de ron o brandy y un poco de turrón desmenuzado.

Helado de amaretti

Helado de amaretti

Rinde de 6 a 8 porciones

A los italianos les encanta el amaretti, la delicia de almendras ligera y crujiente, sola o en postres. Galletas amaretti decoran este helado. Servir con un chorrito de licor de amaretto.

2 vasos de leche entera

4 yemas de huevo grandes

11/2 taza de azúcar

1 taza de crema

1 cucharadita de extracto puro de vainilla

1 taza de galletas amaretti trituradas en trozos grandes

1.Calienta la leche en una cacerola grande a fuego lento hasta que se formen pequeñas burbujas en los bordes, aproximadamente 3 minutos.

dos.Batir las yemas de huevo y el azúcar en un recipiente grande resistente al calor hasta que estén bien combinados. Agrega poco a poco la leche caliente, revolviendo constantemente. Cuando se haya añadido toda la leche, vierte la mezcla en la cacerola. Cocine a fuego medio, revolviendo constantemente, hasta que suba vapor de la superficie y la mezcla se espese un poco.

3.Vierta inmediatamente la mezcla a través de un colador de malla fina en un bol. Agrega la nata y la vainilla. Cubra y refrigere hasta que esté frío, aproximadamente 1 hora.

4.Congela el helado en el congelador según las instrucciones del fabricante. Cuando esté congelado, agregue las migas. Empaque el helado en un recipiente de plástico, tápelo y congélelo por hasta 24 horas.

helado sofocado

Helado de affogato

Rinde 4 porciones

Cualquier sabor de helado se puede sofocar con un espresso caliente, pero la nuez y el flan son dos de mis favoritos. El gel se derrite fácilmente y crea una salsa cremosa. Puedes eliminar las almas si quieres.

4 cucharadascaramelo de nuezninguno de elloshelado"

11/2 taza de café expreso caliente

2 cucharadas de licor de naranja o amaretto (opcional)

1.Prepara el helado si es necesario. Coloca el helado en dos tazones.

dos.Si usa licor, combine el espresso y el licor en un tazón pequeño y vierta la mezcla sobre hielo. Servir inmediatamente.

Helado con vinagre balsámico

helado balsámico

Rinde 4 porciones

El hielo y el vinagre pueden parecer una combinación extraña, y lo sería si estuviera hecha con vinagre balsámico normal. Para este postre único, popular en Parma, sólo se utiliza el balsámico añejo más antiguo como una salsa suave y ligeramente astringente sobre el helado dulce. El comité de supermercados tendría mucho cuidado.

4 bolas de helado de vainilla premium o yogur helado, ohelado", domesticado

2 o 3 cucharaditas de vinagre balsámico bien condimentado

Prepara el helado si es necesario. Coloque el helado en un plato para servir. Rocíe con vinagre balsámico. Servir inmediatamente.

Trufa congelada

Tartufo

Rinde 6 porciones

Desde mi primer viaje a Italia en 1970, no he podido ir a Roma sin hacer una breve parada en Tre Scalini en Piazza Navona para tomar una trufa. Este popular café es conocido desde hace años por sus deliciosas trufas congeladas, bolas de helado envueltas en ricas hojuelas de chocolate que rodean un corazón de cereza. Las trufas congeladas son fáciles de preparar en casa y constituyen un postre festivo. Solo asegúrate de mantener todo muy frío y trabajar rápidamente. La mejor herramienta para esto es una bola de helado grande con un mango con resorte para soltar el hielo.

4 onzas de chispas de chocolate semidulce

6 cerezas italianas en almíbar (cerezas Amarena, disponibles en tarros) o cerezas marrasquino mezcladas con un poco de brandy

2 cucharadas de almendras molidas

1 litro de helado de vainilla

1 litro de helado de chocolate

1.Forre una pequeña bandeja de metal con papel pergamino y refrigere. Cubre una bandeja para hornear con papel de aluminio.

dos.En la mitad inferior de una cacerola mediana o para baño maría, hierva 2 pulgadas de agua. Coloque las chispas de chocolate en la mitad superior del baño maría o en un recipiente que quepa cómodamente sobre la sartén. Deje reposar el chocolate hasta que quede suave, aproximadamente 5 minutos. Mezclar hasta que quede suave. Rallar el chocolate derretido en el plato forrado con papel de aluminio. Extienda el chocolate de manera uniforme y fina sobre el papel de aluminio. Refrigere hasta que esté firme, aproximadamente 1 hora.

3.Cuando el chocolate esté duro, retira el papel del molde y rompe la barra de chocolate en trozos de 1/2 pulgada con una espátula o con los dedos. Extienda los copos en la bandeja para hornear.

4.Retire la sartén fría del congelador. Coloque una bola grande de helado en el helado de vainilla, llenándolo hasta la mitad. Sumerge la bola en el helado de chocolate y rellénala por completo. Hacer una bola con el helado, hacer un agujero en el medio e introducir una de las cerezas y unas almendras. Forma el helado sobre el relleno. Vierta la cubitera sobre las chispas de chocolate y rápidamente haga rodar el hielo, presionando el chocolate contra la superficie. Use una espátula de metal para levantar y transferir el helado cuajado al recipiente enfriado. Vuelva a colocar la sartén en el congelador.

5.Haz 5 conos de helado más de la misma forma. Cubre las trufas y la fuente para hornear con papel film antes de volver a colocarlas en el congelador. Congele al menos 1 hora o hasta 24 horas antes de servir.

Tazas con crema de almendras

Galletas Tortoni

Rinde 8 porciones

Cuando yo era niño, este era el postre estándar en los restaurantes italianos, al igual que lo ha sido el tiramisú durante los últimos 15 años. Si bien puede parecer anticuado, sigue siendo delicioso y fácil de preparar.

Para un postre más elegante, vierta la mezcla en tazas o moldes para parfait. Las cerezas marrasquino añaden un poco de color, pero puedes omitirlas si quieres.

2 tazas de crema fría o crema batida

1 1/2 taza de azúcar glass

2 cucharadas de extracto puro de vainilla

1/2 cucharadas de extracto de almendras

2 claras de huevo, a temperatura ambiente

Una pizca de sal

8 cerezas marrasquino, escurridas y picadas (opcional)

2 cucharadas de almendras tostadas, finamente picadas

12 a 16 galletas amaretti italianas importadas, finamente trituradas (aproximadamente 1 taza de migas)

1.Al menos 20 minutos antes de montar la nata, colocar un bol grande y batir en el frigorífico con una batidora eléctrica. Forre un molde para muffins con 8 hojas dobladas de papel pergamino o papel de aluminio.

dos.Coge el recipiente y sácalo del frigorífico. Vierta la crema, el azúcar y los extractos en el bol y bata a velocidad alta hasta que la mezcla mantenga su forma cuando levante las batidoras, aproximadamente 4 minutos. Coloca la nata montada en el frigorífico.

3.En un tazón grande y limpio con una batidora limpia, bata las claras y la sal a velocidad baja hasta que estén espumosas. Aumente gradualmente la velocidad y bata hasta que las claras formen picos suaves cuando se levantan las batidoras. Utilice una espátula flexible para incorporar suavemente las claras a la nata montada.

4.Reserve 2 cucharadas de amaretti rallado. Agrega las migas restantes, las cerezas y las almendras a la mezcla de crema. Vierta en moldes para muffins preparados. Espolvorea con las migas de amaretti reservadas.

5.Cubra con papel aluminio y congele durante al menos 4 horas o toda la noche. Retirar del frigorífico 15 minutos antes de servir.

espuma de naranja

espuma naranja

Rinde 6 porciones

Spumone proviene de spuma, que significa "espuma". Tiene una textura más cremosa que el helado normal porque las yemas de huevo se hierven con almíbar de azúcar caliente para formar una crema espesa. Aunque es rico en yemas, es ligero y aireado gracias a la espuma y la nata.

3 naranjas ombligo

1 vaso de agua

3 1/4 taza de azúcar

6 yemas de huevo grandes

1 taza de crema fría o crema batida

1. Pelar las naranjas y extraer el jugo. (Deben quedar 3 cucharadas de cáscara y 2/3 de taza de líquido).

dos.En una cacerola mediana, combine el agua y el azúcar. Llevar a ebullición a fuego medio y cocinar, revolviendo ocasionalmente, hasta que el azúcar se disuelva.

3.Batir las yemas de huevo en un tazón grande resistente al calor hasta que se combinen. Agregue lentamente el almíbar de azúcar caliente en un chorro fino, revolviendo constantemente. Vierta la mezcla en la sartén y hierva, revolviendo con una cuchara de madera hasta que espese un poco y la mezcla cubra fácilmente la cuchara.

4.Pasar la mezcla por un colador de malla fina a un bol. Agrega el jugo de naranja y la ralladura. Dejar enfriar, tapar y refrigerar hasta que esté frío, al menos 1 hora. Colocar un bol grande y batir con una batidora en el frigorífico.

5.Justo antes de servir, saca el bol y la masa del frigorífico. Vierta la crema en el bol y bátala a velocidad alta hasta que mantenga suavemente su forma cuando se levantan los batidores, aproximadamente 4 minutos. Con una espátula flexible, incorpora suavemente la crema a la mezcla de naranja.

6.Congelar según las instrucciones del fabricante. Empacar en un recipiente, tapar y congelar. Servir durante 24 horas.

semifreddo de almendras

Semifreddo todo Mandorle

Rinde 8 porciones

Semifredo significa "semifrío". Este postre debe su nombre a que incluso congelado su textura permanece suave y cremosa. Se derrite fácilmente, así que mantén todo muy frío mientras lo preparas.salsa de chocolate calienteEs buena compañía.

31/4 taza de crema fría o crema batida

1 cucharadita de extracto puro de vainilla

31/4 taza de azúcar

11/4 taza de agua

4 huevos grandes, a temperatura ambiente

6 galletas amaretti, finamente trituradas

2 cucharadas de almendras tostadas, finamente picadas

2 cucharadas de almendras rebanadas

1.Forre un molde de metal de 9 x 5 x 3 pulgadas con papel film, dejando un saliente de 2 pulgadas en los bordes. Enfriar la sartén en el frigorífico. Al menos 20 minutos antes de montar la nata, colocar un bol grande y batir en el frigorífico con una batidora eléctrica.

dos.Cuando esté listo, saca el bol y la batidora del frigorífico. Vierta la nata y la vainilla en el bol y bata la nata a velocidad alta hasta que mantenga suavemente su forma cuando se levantan los batidores, aproximadamente 4 minutos. Vuelva a colocar el recipiente en el frigorífico.

3.En una cacerola pequeña, combine el azúcar y el agua. Llevar a ebullición a fuego medio y cocinar, revolviendo ocasionalmente, hasta que el azúcar se disuelva por completo, aproximadamente 2 minutos.

4.En un tazón grande, bata los huevos con una batidora eléctrica a velocidad media hasta que estén espumosos, aproximadamente 1 minuto. Batir lentamente el almíbar de azúcar caliente con los huevos en un chorro fino. Continúe batiendo hasta que la mezcla esté muy ligera, esponjosa y fría al tacto, de 8 a 10 minutos.

5.Con una espátula flexible, incorpora suavemente la crema batida a la mezcla de huevo. Agrega con cuidado las migas de galleta y las almendras molidas.

6.Vierta la mezcla en el molde preparado. Cubra bien con una envoltura de plástico y congele durante 4 horas o toda la noche.

7.Desempaque la sartén. Invierta un plato para servir encima de la sartén. Mantenga el plato y la sartén juntos y déles la vuelta. Levanta la sartén y retira con cuidado el film plástico. Espolvorea con almendras fileteadas.

8.Cortar y servir inmediatamente.

Pastel de cúpula esmerilado florentino

Calabacín

Rinde 8 porciones

Inspirado en la cúpula del hermoso Duomo, la catedral en el corazón de Florencia, este maravilloso postre es bastante fácil de preparar, en parte porque utiliza pastel ya preparado.

Pastel de 1 libra (12 oz).

2 cucharadas de ron.

2 cucharadas de licor de naranja

completo

1 litro de nata o nata montada

1/4 taza de azúcar glass y más para decorar

1 cucharadita de extracto puro de vainilla

4 onzas de chocolate semidulce, finamente picado

2 cucharadas de almendras rebanadas, tostadas y enfriadas

fruta fresca (opcional)

1.Al menos 20 minutos antes de montar la nata, colocar un bol grande y batir en el frigorífico con una batidora eléctrica. Cubra un tazón o sartén redondo de 2 cuartos con papel film. Corta el pastel en rodajas de no más de 1/4 de pulgada de grosor. Corta cada rebanada por la mitad en diagonal, forma dos trozos triangulares y colócalos todos en un plato.

dos.Coloca el ron y el licor en un bol pequeño y vierte la mezcla sobre el bizcocho. Coloque tantos trozos de pastel como necesite, uno al lado del otro, boca abajo, en el recipiente para formar una capa. Cubra la superficie interior restante del tazón con el pastel restante, cortando trozos según sea necesario. Rellena los agujeros con trozos de bizcocho. Reserva el resto del pastel para el glaseado.

3.Preparar el relleno: Sacar el bol y la batidora del frigorífico. Vierta la nata en el bol. Agrega el azúcar glass y la vainilla. Batir a velocidad alta hasta que la crema mantenga su forma cuando se levantan las varillas, aprox. 4 minutos Agrega con cuidado el chocolate y las almendras.

4.Vierte la mezcla cremosa en el molde, con cuidado de no mover el bizcocho. Coloque las rebanadas de pastel restantes en una sola capa encima. Cubra bien con film transparente y refrigere durante 4 horas o toda la noche.

5.Para servir, retire el envoltorio e invierta un plato para servir sobre el tazón. Sostenga el plato y el tazón juntos y déles la vuelta. Toma el cuenco. Retirar el envoltorio y espolvorear con azúcar glas. Coloca la fruta alrededor del pastel. Cortar en trozos para servir.

Salsa mascarpone con miel

salsa mascarpone

Rinde 2 tazas

Sirva sobre fruta fresca o encima. Pastel De Nueces Marsala.

1 1/2 taza de mascarpone

3 cucharadas de miel

1 1/2 cucharadita de ralladura de limón

1 taza de crema batida fría

En un tazón grande, bata el mascarpone, la miel y la ralladura de limón hasta que quede suave. Agrega la crema batida. Servir inmediatamente.

salsa fresca fresca

Salsa De Fresa

Rinde 1 1/2 tazas

Las frambuesas también se pueden preparar de esta forma. Si usa frambuesas, cuele la salsa para quitar las semillas.

1 litro de fresas frescas, lavadas y peladas

3 cucharadas de azúcar o al gusto

1 1/4 taza de jugo de naranja fresco

2 cucharadas de licor de naranja, cassis o ron ligero

Coloque todos los ingredientes en un procesador de alimentos o licuadora. Haga puré hasta que quede suave. Sirva o transfiera a un recipiente hermético y refrigere por hasta 24 horas.

Salsa picante de frutos rojos

Sirope de fruta Salsina de Bosco

Rinde aproximadamente 2 1/2 tazas

Esta salsa es ideal para helado de limón, mascarpone, canela o crema o pastel simple.

4 tazas de frutas frescas variadas, como arándanos, fresas, frambuesas y moras

11/4 taza de agua

11/4 taza de azúcar o más

1.Lavar las bayas y quitarles la piel o los tallos. Corta las fresas por la mitad o en cuartos si son grandes.

dos.Combine las bayas, el agua y el azúcar en una cacerola mediana. Llevar a ebullición a temperatura media. Cocine, revolviendo ocasionalmente, hasta que las bayas estén tiernas y el líquido se espese un poco, aproximadamente 5 minutos. Pruebe y agregue más azúcar si es necesario. Retirar del fuego y dejar enfriar un poco. Sirva o transfiera a un recipiente hermético y refrigere por hasta 24 horas.

Salsa de frambuesa para todo el año

Salsa de lámpara

Rinde aproximadamente 2 tazas

Incluso cuando las bayas no son de temporada, puedes preparar una salsa fresca y deliciosa. El sabor y el color de las frambuesas combinan especialmente bien con tartas y postres con sabor a almendras y chocolate. Para un postre simple pero hermoso, mezcle también esta salsa y un poco de fruta fresca sobre finas rodajas de melón.

La salsa también se puede preparar con arándanos o fresas congeladas o una combinación de bayas. Si no encuentra bayas en el almíbar, úselas sin azúcar y agregue azúcar al gusto.

2 paquetes (10 onzas) de frambuesas congeladas en almíbar, parcialmente descongeladas

1 cucharadita de maicena mezclada con 2 cucharadas de agua

Aproximadamente 1 cucharadita de jugo de limón fresco

1.Pasar las bayas por un pasapurés de hoja fina o licuarlas en un procesador de alimentos y pasarlas por un colador de malla fina.

dos.Lleva el puré a ebullición en una cacerola pequeña. Agregue la mezcla de maicena y cocine, revolviendo constantemente, hasta que espese un poco, aproximadamente 1 minuto. Agrega jugo de limón. Déjalo enfriar un poco. Sirva o transfiera a un recipiente hermético y refrigere por hasta 3 días.

salsa de chocolate caliente

salsa de chocolate caliente

Rinde aproximadamente 1 1/2 tazas

El espresso intensifica el sabor del chocolate en esta deliciosa salsa, pero puedes omitirlo si lo prefieres. Servir con helado, semifreddo o postres sencillos; Combina bien con una amplia variedad de postres.

8 onzas de chocolate amargo o semidulce, picado

1 taza de crema

Coloca el chocolate y la nata encima del marino o en un recipiente resistente al calor colocado sobre una cacerola con agua hirviendo. Dejar hasta que el chocolate esté suave. Mezclar hasta que quede suave. Sirva caliente o transfiéralo a un recipiente hermético y refrigérelo por hasta 3 días. Calentar suavemente.

Salsa picante de moca: Agrega 1 cucharadita de espresso instantáneo en polvo al chocolate.

lengua de gato

Saboya

hace 4 docenas

Estas galletas ligeras y crujientes, llamadas Savoiardi, llevan el nombre de la casa real de Saboya, que gobernó la región del Piamonte desde el siglo XV y toda Italia desde 1861 hasta la Segunda Guerra Mundial. Son perfectos pasteles de té y combinan bien con helado o fruta, pero también se pueden utilizar en postres complejos como el tiramisú.

Se utiliza almidón de patata para que las galletas queden crujientes y ligeras. Puedes encontrar fécula de patata en muchos supermercados o sustituirla por maicena.

4 huevos grandes, a temperatura ambiente

dos/3 taza de azúcar

2 cucharadas de extracto puro de vainilla

11/2 taza de harina para todo uso

11/4 taza de almidón de papa

Una pizca de sal

1.Precaliente el horno a 400° F. Engrase y enharine 3 bandejas para hornear grandes.

dos.Separar los huevos. En un tazón grande, bata las yemas de huevo con 1/3 de taza de azúcar y vainilla con una batidora eléctrica a velocidad media hasta que estén espesas y pálidas, aproximadamente 7 minutos.

3.En un bol grande y limpio con una batidora limpia, bata las claras con una pizca de sal a velocidad baja hasta que estén espumosas. Aumente la velocidad a alta y agregue gradualmente el 1/3 de taza de azúcar restante. Batir hasta que las claras tengan picos suaves cuando se levantan las batidoras, aprox. 5 minutos

4.Use una espátula de goma para incorporar aproximadamente 1/3 de las claras de huevo a las yemas para diluirlas. Agrega poco a poco las claras restantes.

5.Coloque la harina y el almidón en un colador pequeño de malla fina. Agite el colador sobre los huevos y agregue con cuidado pero con delicadeza los ingredientes secos.

6.Vierta la masa en una manga pastelera grande equipada con una punta de 1/2 pulgada o en una bolsa de plástico resistente con una esquina cortada. (No llene la bolsa más de la mitad). Coloque la masa en la bandeja para hornear, formando troncos de 3 x 1 pulgada, espaciados aprox.

7.Tenga listas algunas rejillas de alambre para enfriar. Hornea las galletas durante 10 a 12 minutos o hasta que estén doradas y firmes al tocarlas ligeramente en el centro.

8.Transfiera las bandejas para hornear a rejillas para enfriar. Enfríe las galletas durante 2 minutos en el molde, luego transfiéralas a una rejilla para que se enfríen por completo. Guárdelo en un recipiente hermético a temperatura ambiente por hasta 2 semanas.

Galletas de avena

Baloncesto

hacer 36

Canistrelli significa "cestitas". Crujientes y mantecosas, estas galletas de Liguria están hechas con sémola, lo que les da un color cremoso y una textura ligeramente granulada.

La avena es un trigo duro, duro y de color dorado claro que ha sido molido hasta obtener una textura similar a la arena. La avena puede ser fina o espesa. La sémola fina a menudo se llama sémola o harina para pasta. Se utiliza mucho para elaborar pan, especialmente en Sicilia, y algunos tipos de pasta y ñoquis, como losñoquis de sémola romana. Los cereales se pueden adquirir en muchos supermercados, tiendas naturistas y tiendas étnicas ofuentes de pedidos por correo.

12/3 dl de harina de trigo

11/2 taza de avena fina

1 1/2 cucharadita de sal

1 taza (2 barras) de mantequilla sin sal, a temperatura ambiente

1 1/2 taza de azúcar glass

1 huevo grande

1. En un bol grande, tamiza la harina, la avena y la sal.

dos. En un tazón grande con una batidora eléctrica, bata la mantequilla a velocidad media hasta que esté suave y esponjosa, aproximadamente 2 minutos. Agrega el azúcar y bate bien, aprox. 1 minuto más Batir el huevo hasta incorporar.

3. Agregue los ingredientes secos y mezcle a velocidad baja hasta que se combinen. (No mezcle demasiado). Forme una bola con la masa y envuélvala en una envoltura de plástico. Refrigere durante 1 hora o toda la noche.

4. Precaliente el horno a 350° F. Engrase 2 bandejas para hornear grandes.

5.Sobre una superficie ligeramente enharinada, extienda la masa formando un círculo de 9 pulgadas y aproximadamente 1/4 de pulgada de espesor. Corta la masa en círculos de 5cm con un cortador o cortador de galletas. Colóquelos en las bandejas para hornear preparadas a aproximadamente 1 pulgada de distancia.

6.Tienes 2 rejillas para enfriar listas. Hornee por 13 minutos o hasta que los pasteles estén ligeramente dorados en los bordes.

7.Transfiera las bandejas para hornear a rejillas para enfriar. Deje que las galletas se enfríen en el molde durante 5 minutos, luego transfiéralas a una rejilla para que se enfríen por completo. Guárdelo en un recipiente hermético por hasta 2 semanas.

Parece Vin Santo

Ciambelline en Vin Santo

Hace unas 4 docenas

Vin Santo es un vino de postre seco de la Toscana. Suele servirse como acompañamiento de postres, pero aquí es el principal ingrediente aromatizante de las tartas circulares. Están elaborados con aceite de oliva y no contienen huevo ni mantequilla. El vin santo le da a las galletas un sutil sabor a vino mientras que la textura es suave y quebradiza. Obtuve la receta del chef de vinos Selvapiana en Toscana.

2 1/2 dl de harina de trigo

1 1/2 taza de azúcar

1 1/2 taza de aceite de oliva virgen extra

1 1/2 taza de vino santo

1. Precaliente el horno a 350° F. Prepare 2 bandejas para hornear grandes sin engrasar.

dos.Mezclar la harina y el azúcar en un bol grande con una cuchara de madera. Agrega el aceite de oliva y el vino y revuelve hasta que estén bien combinados. Forma la masa en una bola.

3.Dividir la masa en 6 partes. Corta una pieza en 8 pedazos. Enrolle cada pieza entre sus palmas hasta formar un tronco de 4×1⁄2 pulgada. Forma un anillo con el tronco y ata los extremos para sellar. Repita con la masa restante, colocando los aros a 1 pulgada de distancia en bandejas para hornear.

4.Tienes 2 rejillas para enfriar listas. Hornea los aros durante 20 minutos o hasta que estén dorados.

5.Transfiera las bandejas para hornear a una rejilla. Deje que las galletas se enfríen en el molde durante 5 minutos, luego transfiéralas a una rejilla para que se enfríen por completo. Guárdelo en un recipiente hermético por hasta 2 semanas.

Galletas Marsala

Galletas Marsala

hace 4 docenas

El sabor cálido y soleado de Marsala realza estas galletas sicilianas. Puedes utilizar Marsala seco o dulce. Asegúrate de servir con una copa del mismo vino. Son similares a los aros de Vin Santo de la izquierda, aunque la textura es más ligera y crujiente gracias a los huevos y la levadura, y están glaseados con azúcar.

2 1/2 dl de harina de trigo

2 cucharaditas de polvo para hornear

1 cucharadita de sal

1 taza de azúcar

1 1/2 taza de Marsala seca o dulce

2 huevos grandes

11/4 taza de aceite de oliva virgen extra

1 cucharadita de extracto puro de vainilla

1.Precaliente el horno a 375° F. Engrase 2 bandejas para hornear grandes.

dos.Tamiza la harina, el polvo para hornear y la sal en un bol grande. Vierta 1/2 taza de azúcar en un tazón pequeño y 1/4 taza de Marsala en otro.

3.Batir los huevos y la 1/2 taza de azúcar restante en un tazón grande hasta que estén bien combinados. Vierta el 1/4 de taza restante de Marsala, el aceite y el extracto de vainilla y agregue a los ingredientes secos con una cuchara de madera. Amasar hasta que esté bien combinado y formar una bola con la masa.

4.Dividir la masa en 6 partes. Corta una pieza en 8 pedazos. Enrolle cada pieza entre sus palmas hasta formar un tronco de 4×1/2 pulgada. Forma un anillo con el tronco y ata los extremos para sellar. Repita con la masa restante.

5.Sumerge la parte superior o inferior de cada aro primero en el vino y luego en el azúcar. Coloque los aros con el lado del azúcar hacia arriba y a 1 pulgada de distancia en bandejas para hornear preparadas. Hornee de 18 a 20 minutos o hasta que estén dorados. Tienes 2 rejillas para enfriar listas.

6.Transfiera las bandejas para hornear a una rejilla. Deje que las galletas se enfríen en el molde durante 5 minutos, luego transfiéralas a una rejilla para que se enfríen por completo. Guárdelo en un recipiente hermético por hasta 2 semanas.

galletas de vino de sésamo

Galletas De Vino

hace 2 docenas

Ligeramente dulces, con un toque picante de pimienta negra, estas galletas napolitanas son excelentes con una copa de vino y un poco de queso.

2 1/2 dl de harina de trigo

1 1/2 taza de azúcar

1 1/2 cucharadita de polvo para hornear

1 cucharadita de sal

1 cucharadita de pimienta negra recién molida

1 1/2 taza de vino tinto seco

1 1/2 taza de aceite de oliva

1 clara de huevo batida hasta que esté espumosa

2 cucharadas de semillas de sésamo

1.Precaliente el horno a 350° F. Prepare 2 bandejas para hornear grandes sin engrasar.

dos.En un tazón grande, mezcle la harina, el azúcar, el polvo para hornear, la sal y la pimienta. Agrega el vino y el aceite de oliva y revuelve hasta que estén bien combinados.

3.Forma la masa en una bola. Dividir la masa en 4 partes. Forme cada pieza en un tronco de 10 pulgadas. Aplana un poco las barras. Unte con clara de huevo y espolvoree con semillas de sésamo.

4.Corta los troncos en trozos de 3/4 de pulgada. Coloque las piezas a aproximadamente 1 pulgada de distancia en bandejas para hornear. Hornee por 25 minutos o hasta que esté ligeramente dorado.

5.Tenga preparadas 2 rejillas grandes para enfriar. Transfiera las bandejas para hornear a una rejilla. Deje que las galletas se enfríen en el molde durante 5 minutos, luego transfiéralas a una rejilla para que se enfríen por completo. Guárdelo en un recipiente hermético por hasta 2 semanas.

galletas de sésamo

Galleta Regina

Hace 48 años

Los sicilianos llaman a estas galletas regina o "reina" porque son muy valoradas. Aunque parecen bastante comunes, su sabor a sésamo tostado es adictivo. Uno lleva invariablemente al otro.

Busque semillas de sésamo frescas y sin cáscara en los mercados étnicos y tiendas naturistas. Estas galletas originalmente se hacían con manteca de cerdo. Los cocineros sicilianos de hoy suelen usar margarina, pero yo prefiero una combinación de mantequilla para darle sabor y manteca vegetal para suavizar.

4 tazas de harina de trigo

1 taza de azúcar

1 cucharada de polvo para hornear

1 cucharadita de sal

11/2 taza (1 barra) de mantequilla sin sal, a temperatura ambiente

11/2 taza de manteca vegetal sólida

2 huevos grandes, a temperatura ambiente

1 cucharadita de extracto puro de vainilla

1 cucharadita de cáscara de limón

2 tazas de semillas de sésamo sin cáscara

11/2 taza de leche

1.Precaliente el horno a 375° F. Engrase y enharine dos bandejas para hornear grandes o cubra con papel pergamino.

dos.Mezclar la harina, el azúcar, la levadura y la sal en un bol grande con una batidora eléctrica. A velocidad baja, agregue la mantequilla y córtela una a la vez hasta que la mezcla parezca migajas gruesas.

3.Batir los huevos, la vainilla y la ralladura de limón en un tazón mediano. Mezcle la mezcla de huevo con los ingredientes secos hasta que quede suave y bien combinado, aproximadamente 2 minutos. Cubre la masa con film transparente y refrigera por 1 hora.

4.Espolvorea semillas de sésamo sobre un trozo de papel pergamino. Coloca la leche en un bol pequeño junto a las semillas de sésamo.

5.Saca la masa del frigorífico. Saque una porción de masa del tamaño de una pelota de golf y déle forma de tronco de 21/2 pulgadas de largo y 3/4 pulgadas de ancho. Sumerge el palillo en la leche y luego sumérgelo en las semillas de sésamo. Coloque el tronco en la bandeja para hornear y aplánelo ligeramente con los dedos. Continuar con el resto de la masa, separando los palitos 2,5 cm.

6.Hornee en el horno de 25 a 30 minutos o hasta que esté dorado. Tenga preparadas 2 rejillas grandes para enfriar.

7.Transfiera las bandejas para hornear a una rejilla. Deje que las galletas se enfríen en el molde durante 5 minutos, luego transfiéralas a una rejilla para que se enfríen por completo. Guárdelo en un recipiente hermético por hasta 2 semanas.

tortas de anís

La galleta de Anice

Hace unas 3 docenas

El anís, un miembro de la misma familia de plantas que el hinojo, el comino y el hinojo, se considera una ayuda digestiva. En el sur de Italia, las semillas de hinojo se utilizan para dar sabor a licores como la sambuca y el anís, lo que da a estas galletas su distintivo sabor a regaliz. Para un sabor más pronunciado, añade una cucharadita de anís a la masa antes de hornearla.

2 huevos grandes, a temperatura ambiente

1 cucharada de licor de anís o extracto de anís

11/2 taza de azúcar

1 taza de harina para todo uso

2 cucharadas de maicena

1 cucharadita de polvo para hornear

1.Coloca una rejilla en el centro del horno. Precaliente el horno a 350° F. Engrase un molde cuadrado de 9 pulgadas. Cubra el fondo del molde con papel de hornear. Untar el papel con aceite y harina. Retire el exceso de harina.

dos.Coloca los huevos, el brandy y el azúcar en un bol grande con una batidora. Empiece a batir los huevos a velocidad baja y aumente gradualmente la velocidad a alta. Continúe batiendo los huevos hasta que estén suaves y esponjosos y hayan triplicado su volumen, aproximadamente 5 minutos.

3.Coloca la harina, la maicena y el polvo para hornear en un colador de malla fina. Revuelve el colador sobre la mezcla de huevo y agrega gradualmente los ingredientes secos con una espátula de goma. Tenga cuidado de no vaciar los huevos.

4.Coloque la masa en el molde preparado y alise la superficie. Hornee durante 20 a 25 minutos o hasta que esté listo cuando esté ligeramente tocado en el centro y dorado. Prepare una bandeja para hornear grande y una rejilla para enfriar grande.

5.Retire la sartén del horno, pero déjelo encendido. Pasa un cuchillo pequeño por los bordes de la sartén. Voltee el pastel sobre una tabla de cortar.

6.Aumente la temperatura del horno a 375° F. Con un cuchillo de sierra largo, corte el pastel en tiras de 3 pulgadas. Corta cada tira transversalmente en rodajas de 3/4 de pulgada de grosor. Coloque las rebanadas en una sola capa sobre una bandeja para hornear grande. Hornea las rebanadas por 7 minutos o hasta que estén doradas y doradas.

7.Retire los pasteles del horno y transfiéralos a una rejilla para que se enfríen. Guárdelo en un recipiente hermético por hasta 2 semanas.

cebolla asada

Cipolle al Horno

Rinde de 4 a 8 porciones

Estas cebollas se vuelven suaves y dulces cuando se cocinan; Pruébalos con carne asada.

4 cebollas medianas blancas o rojas, peladas

1/2 taza de pan rallado seco

1/4 taza de Parmigiano-Reggiano o Pecorino Romano rallado

2 cucharadas de aceite de oliva

Sal y pimienta negra recién molida

1.Ponga a hervir una olla mediana con agua. Agrega la cebolla y baja el fuego para que hierva el agua. Cocine por 5 minutos. Deja que las cebollas se enfríen en el agua de la sartén. Escurre las cebollas y córtalas por la mitad en forma transversal.

dos. Coloca una rejilla en el centro del horno. Precalienta el horno a 350° F. Engrasa una fuente para hornear lo suficientemente grande como para contener las cebollas en una sola capa. Coloque las cebollas en la sartén, con el lado cortado hacia arriba. En un tazón pequeño, mezcle el pan rallado, el queso, el aceite de oliva, sal y pimienta al gusto. Coloca el pan rallado encima de las cebollas.

3. Hornee durante 1 hora o hasta que las cebollas estén doradas y tiernas al pincharlas con un cuchillo. Servir tibio o a temperatura ambiente.

Cebolla con vinagre balsámico

cebollino balsámico

Rinde 6 porciones

El vinagre balsámico complementa el dulce sabor y color de la cebolla morada. Combina bien con cerdo asado o costillas.

6 cebollas moradas medianas

6 cucharadas de aceite de oliva virgen extra

3 cucharadas de vinagre balsámico

Sal y pimienta negra recién molida

1.Coloca una rejilla en el centro del horno. Precalienta el horno a 375°F. Forra una bandeja para hornear con papel de aluminio.

dos.Lavar las cebollas, pero no pelarlas. Coloque las cebollas en el molde preparado. Cocine las cebollas durante 1 a 1 1/2 horas hasta que estén tiernas al pincharlas con un cuchillo.

3.Corta los extremos de las raíces de las cebollas y quítales la piel. Corta las cebollas en cuartos y colócalas en un bol. Agrega el aceite, el vinagre, la sal y la pimienta al gusto y mezcla bien. Servir tibio o a temperatura ambiente.

Adaptación de la cebolla morada

Mermelada de cebolla morada

Rinde aproximadamente 1 litro

Tropea, en la costa de Calabria, es conocida por sus dulces cebollas rojas. Aunque la cebolla morada en Estados Unidos es más picante, aún puedes preparar esta deliciosa mermelada que comimos en Locanda di Alia en Castrovillari. La mermelada se sirve con sardinas doradas fritas, pero también acompaña con pollo o chuletas de cerdo a la parrilla. También me gusta como condimento con queso picante, como el pecorino añejo.

Una variación de la mermelada incluye un poco de menta fresca picada. Asegúrate de utilizar una sartén de fondo grueso y mantén el fuego muy bajo para evitar que las cebollas se peguen. Añade un poco de agua si se secan demasiado rápido.

1/4 libra de cebolla morada, finamente picada

1 taza de vino tinto seco

1 cucharadita de sal

2 cucharadas de mantequilla sin sal

1 cucharada de vinagre balsámico

1 o 2 cucharadas de miel

Aproximadamente 1 cucharada de azúcar

1.En una cacerola mediana, combine la cebolla, el vino tinto y la sal a fuego medio. Llevar a ebullición y bajar el fuego. Tape y cocine, revolviendo ocasionalmente, durante 1 hora y 15 minutos o hasta que las cebollas estén muy suaves. Las cebollas quedarán ligeramente transparentes.

dos.Agrega la mantequilla, el vinagre balsámico y 1 cucharada de miel y 1 cucharada de azúcar. Cocine sin tapar, revolviendo ocasionalmente, hasta que todo el líquido se haya evaporado y la mezcla esté muy espesa.

3.Déjalo enfriar un poco. Servir a temperatura ambiente o ligeramente tibio. Esto se mantendrá en el refrigerador hasta por un mes. Para recalentar, coloque el confitado en un tazón pequeño colocado sobre una cacerola con agua hirviendo o caliéntelo en el microondas.

Ensalada de cebolla y remolacha asadas

Ensalada de cebolla y remolacha

Rinde 6 porciones

Si nunca has comido remolachas frescas de temporada, pruébalas. Cuando son jóvenes y tiernos, son extremadamente dulces y aromáticos. Cómprelos en verano y otoño cuando estén en su mejor momento. A medida que envejecen, se vuelven leñosos y sin sabor.

6 remolachas cortadas y ralladas

2 cebollas grandes, peladas

6 cucharadas de aceite de oliva

2 cucharadas de vinagre de vino tinto

Sal y pimienta negra recién molida

6 hojas de albahaca fresca

1.Coloca una rejilla en el centro del horno. Precalienta el horno a 400° F. Frota las remolachas y envuélvelas en una hoja grande de papel de aluminio, sellándolas herméticamente. Coloca el paquete en una bandeja.

dos.Cortar las cebollas en trozos pequeños. Lo ponemos en una sartén y lo mezclamos con 2 cucharadas de aceite de oliva.

3.Coloca el manojo de remolachas y la sartén con las cebollas en el horno, uno al lado del otro. Ase durante 1 hora o hasta que la remolacha esté tierna al pincharla con un cuchillo y la cebolla esté dorada.

4.Deja enfriar la remolacha. Pelar la piel y cortar la remolacha en rodajas.

5.En un tazón grande, mezcle las remolachas y la cebolla con 1/4 taza de aceite de oliva, vinagre y sal y pimienta al gusto. Espolvorea con albahaca y sirve inmediatamente.

Cebolla perla con miel y naranja

Cipollina sabor naranja

Rinde 8 porciones

Las cebollas perla agridulces sazonadas con miel, naranja y vinagre son buenas para un pavo o relleno festivo, cerdo asado o como entrante con salami en rodajas. Puedes prepararlos con antelación, pero hay que recalentarlos con cuidado antes de servir.

2 libras de cebollas perla

1 naranja ombligo

2 cucharadas de mantequilla sin sal

1 1/4 taza de miel

1 1/4 taza de vinagre de vino blanco

Sal y pimienta negra recién molida

1.Traiga una olla grande con agua a hervir. Agrega la cebolla y sofríe por 3 minutos. Escurrir y dejar enfriar con agua corriente. Utilice un cuchillo afilado para raspar la parte superior de los extremos de las raíces. No cortes los extremos demasiado profundamente o las cebollas se desmenuzarán durante la cocción. Quitar la piel.

dos.Utilice un pelador giratorio para pelar la naranja. Colocar tiras de piel y cortar en palitos finos. Exprime el jugo de la naranja. En el lado.

3.En una sartén grande, derrita la mantequilla a fuego medio. Agrega la cebolla y cocina por 30 minutos o hasta que esté ligeramente dorada, agitando la sartén de vez en cuando para evitar que se pegue.

4.Agrega el jugo de naranja, la ralladura, la miel, el vinagre y sal y pimienta al gusto. Reducir el fuego y cocinar durante 10 minutos, volteando con frecuencia, hasta que la cebolla esté blanda al pincharla con un cuchillo y cubrirla con la salsa. Déjalo enfriar un poco. Servir caliente.

Guisantes con cebolla

Guisantes con cebolla

Rinde 4 porciones

Un poco de agua agregada a la sartén ayuda a que la cebolla se ablande y se ablande sin dorarse. El dulzor de la cebolla realza el sabor de los guisantes.

2 cucharadas de aceite de oliva

1 cebolla mediana finamente picada

4 cucharadas de agua

2 tazas de guisantes frescos sin cáscara o 1 paquete (10 onzas) de guisantes congelados

un poco de orégano seco

Solo

1.Vierte el aceite en una sartén mediana. Agrega la cebolla y 2 cucharadas de agua. Cocine, revolviendo frecuentemente, hasta que la cebolla esté muy suave, aproximadamente 15 minutos.

dos.Agrega los guisantes, las 2 cucharadas de agua restantes, el orégano y la sal. Cubra y cocine hasta que los guisantes estén tiernos, de 5 a 10 minutos.

Guisantes con jamón y cebollino

Guisantes con jamón

Rinde 4 porciones

Estos guisantes son excelentes para chuletas de cordero o cordero asado.

3 cucharadas de mantequilla sin sal

4 cebollas verdes, cortadas y en rodajas finas

2 tazas de guisantes frescos sin cáscara o 1 paquete (10 onzas) de guisantes congelados

1 cucharadita de azúcar

Solo

4 rebanadas finas de jamón italiano importado, cortadas transversalmente en tiras finas

1. Derrita 2 cucharadas de mantequilla en una cacerola mediana. Agrega las cebolletas y sofríe por 1 minuto.

dos.Agrega los guisantes, el azúcar y la sal al gusto. Agrega 2 cucharadas de agua y tapa la cacerola. Cocine hasta que los guisantes estén tiernos, de 5 a 10 minutos.

3.Agrega el jamón y la cucharada restante de mantequilla. Cocine por 1 minuto más y sirva caliente.

Guisantes dulces con ensalada y menta

Guisantes todos a la menta

Rinde 4 porciones

Incluso los guisantes congelados tienen un sabor fresco cuando se cocinan de esta manera. La lechuga añade un ligero crujido y la menta aporta un sabor fresco y brillante.

2 cucharadas de mantequilla sin sal

14/4 taza de cebolla, en rodajas muy finas

2 tazas de guisantes frescos sin cáscara o 1 paquete (10 onzas) de guisantes congelados

1 taza de lechuga picada

12 hojas de menta cortadas en trozos

Sal y pimienta negra recién molida

1.En una cacerola mediana, derrita la mantequilla a fuego medio. Agrega la cebolla y cocina hasta que esté suave y dorada, aproximadamente 10 minutos.

dos.Agrega los guisantes, la lechuga, las hojas de menta y sal y pimienta al gusto. Agrega 2 cucharadas de agua y tapa la cacerola. Cocine de 5 a 10 minutos o hasta que los guisantes estén tiernos. Servir caliente.

Ensalada de guisantes de Pascua

Ensalada De Pascua

Rinde 4 porciones

En la década de 1950, Romeo Salta era considerado uno de los mejores restaurantes italianos de Nueva York. Se destacó por ser muy elegante y servir comida del norte de Italia en una época en la que la mayoría de la gente sólo conocía restaurantes familiares que servían platos rojos del sur.El propietario, Romeo Salta, aprendió el negocio de la restauración trabajando en un hotel de lujo de cruceros, en la época el El mejor campo de formación para trabajadores de restaurantes. Esta ensalada apareció en el menú en Semana Santa, cuando abundaban los guisantes frescos. La receta original también incluía anchoas, aunque yo prefiero la ensalada sin ellas. A veces le agrego queso suizo rallado o similar al jamón.

21/2 tazas de guisantes frescos o 1 paquete (10 onzas) de guisantes congelados

Solo

1 yema de huevo cocida

11/4 taza de aceite de oliva

11/4 taza de jugo de limón

pimienta negra recién molida

2 onzas de jamón italiano importado en rodajas, cortado transversalmente en tiras finas

1.Para guisantes frescos o congelados, hierva una olla mediana con agua. Agrega los guisantes y sal al gusto. Cocine hasta que los guisantes estén tiernos, aproximadamente 3 minutos. Escurrir los guisantes. Dejar enfriar bajo el chorro de agua fría. Secar los guisantes.

dos.Triture la yema en un bol con un tenedor. Agrega aceite de oliva, jugo de limón y sal y pimienta al gusto. Agrega los guisantes y mezcla suavemente. Agrega las tiras de tocino y sirve inmediatamente.

pimiento asado

pepperoni asado

Rinde 8 porciones

Los pimientos asados quedan excelentes en ensaladas, tortillas y sándwiches. También se congelan bien, por lo que puedes preparar una tanda en verano, cuando abundan los pimientos, y guardarlos para las comidas de invierno.

8 pimientos grandes rojos, amarillos o verdes

1.Cubre la sartén con papel de aluminio. Coloque la sartén a unas 3 pulgadas de distancia de la fuente de calor. Coloca los pimientos enteros en la sartén. Enciende la parrilla a fuego alto. Asa los pimientos, volteándolos frecuentemente con unas pinzas, durante aprox. 15 minutos o hasta que la piel esté burbujeante y completamente carbonizada. Coloca los pimientos en un bol. Cubrir con papel de aluminio y dejar enfriar.

dos.Corta el pimiento por la mitad y vierte el jugo en un bol. Pele la piel y deseche las semillas y los tallos.

3.Corta los pimientos a lo largo en tiras de 1 pulgada y colócalos en un bol. Cuela el líquido sobre los pimientos.

4.Sirva a temperatura ambiente o refrigere y sirva frío. Los pimientos se conservan durante 3 días en el frigorífico o 3 meses en el frigorífico.

Ensalada de pimientos asados

Ensalada de pepperoni asado

Rinde 8 porciones

Sirva estos pimientos como parte de un surtido de antipasti, como guarnición de atún o cerdo a la parrilla, o como aperitivo con rodajas de mozzarella fresca.

1 receta (8 pimientos)pimiento asado

1/3 taza de aceite de oliva virgen extra

4 hojas de albahaca cortadas en trozos

2 dientes de ajo, en rodajas finas

Sal y pimienta negra recién molida

Prepara los pimientos si es necesario. Agrega aceite de oliva, albahaca, ajo y sal y pimienta al gusto. Déjalo reposar 1 hora antes de servir.

Pimientos asados con cebolla y hierbas

Arrostiti de pepperoni con cebolla

Rinde 4 porciones

Sirve estos pimientos calientes o a temperatura ambiente. También son un excelente aderezo para crostini.

1/2 recetapimiento asado; use pimientos rojos o amarillos

1 cebolla mediana, partida por la mitad y en rodajas finas

Triturar el pimiento rojo picado

2 cucharadas de aceite de oliva

Solo

11/2 cucharadita de orégano seco, triturado

2 cucharadas de perejil fresco picado

1.Prepara los pimientos en el paso 3 si es necesario. Luego escurre los pimientos y córtalos a lo largo en tiras de 1/2 pulgada.

dos.En una sartén mediana, saltee la cebolla y el pimiento rojo triturado en aceite de oliva a fuego medio hasta que la cebolla esté suave y dorada, aproximadamente 10 minutos. Agrega pimentón, orégano y sal al gusto. Cocine, revolviendo ocasionalmente, hasta que esté completamente caliente, aproximadamente 5 minutos. Agrega el perejil y cocina por 1 minuto más. Servir tibio o a temperatura ambiente.

Pimientos asados con tomates

pepperoni asado

Rinde 4 porciones

En esta receta de Abruzzo, un pimiento fresco y no demasiado picante añade sabor a los pimientos. Se puede sustituir por pimiento rojo triturado o por un chile seco pequeño. Estos pimientos quedan fantásticos en un sándwich.

2 pimientos rojos grandes

2 pimientos amarillos grandes

1 pimiento, como jalapeño, sin semillas y cortado

3 cucharadas de aceite de oliva

Solo

2 dientes de ajo, picados

2 tomates medianos, pelados, sin corazón y cortados en cubos

1.Coloca una rejilla en el centro del horno. Precaliente el horno a 400° F. Engrase una bandeja para hornear grande. Coloca los pimientos en una tabla de cortar. Sostenga la pipa con una mano y coloque la punta de un cuchillo grande y pesado justo después del borde de la tapa. Cortar. Girar el pimiento 90° y cortar nuevamente. Repetir, volteando y cortando los dos lados restantes. Desecha el corazón, las semillas y el tallo, que quedan intactos. Cortar las membranas y triturar las semillas.

dos.Corta los pimientos a lo largo en tiras de 1 pulgada. Coloca el pimiento en la sartén. Agrega aceite de oliva y sal al gusto y mezcla bien. Distribuya los pimientos en la sartén.

3.Hervir los pimientos durante 25 minutos. Agrega el ajo y el tomate y mezcla bien. Ase por otros 20 minutos o hasta que los pimientos estén tiernos al pincharlos con un cuchillo. Sírvelo caliente.

Pimientos con vinagre balsámico

Pepperoni Balsámico

Rinde 6 porciones

El dulzor del vinagre balsámico complementa el dulzor de los pimientos. Sirva caliente con chuletas de cerdo o cordero o a temperatura ambiente con pollo frío o cerdo asado.

6 pimientos rojos grandes

11/4 taza de aceite de oliva

Sal y pimienta negra recién molida

2 cucharadas de vinagre balsámico

1.Coloca una rejilla en el centro del horno. Precalienta el horno a 400° F. Coloca los pimientos en una tabla de cortar. Sostenga la pipa con una mano y coloque la punta de un cuchillo grande y pesado justo después del borde de la tapa. Cortar. Girar el pimiento 90° y cortar nuevamente. Repetir, volteando y cortando los dos lados restantes. Desecha el corazón, las semillas y el tallo, que quedan intactos. Cortar las membranas y triturar las semillas.

dos.Cortar los pimientos en tiras de 2,5 cm. Colóquelos en una sartén grande y poco profunda con aceite de oliva, sal y pimienta. mezclar bien y saltear los pimientos durante 30 minutos.

3.Agrega vinagre. Cocine los pimientos por otros 20 minutos o hasta que estén tiernos. Servir tibio o a temperatura ambiente.

Pimienta en escabeche

Pepperoni Sott'Aceto

Rinde 2 litros

Los coloridos pimientos encurtidos quedan deliciosos en sándwiches o salchichas. Estos pueden usarse para hacerSalsa de pimienta estilo molise.

2 pimientos rojos grandes

2 pimientos amarillos grandes

Solo

2 tazas de vinagre de vino blanco

2 vasos de agua

Triturar el pimiento rojo picado

1.Coloca los pimientos en una tabla de cortar. Sostenga la pipa con una mano y coloque la punta de un cuchillo grande y pesado justo después del borde de la tapa. Cortar. Girar el pimiento 90°

y cortar nuevamente. Repetir, volteando y cortando los dos lados restantes. Desecha el corazón, las semillas y el tallo, que quedan intactos. Cortar las membranas y triturar las semillas. Corta los pimientos a lo largo en tiras de 1 pulgada. Coloca los pimientos en un colador sobre un plato y espolvorea con sal. Déjalo escurrir durante 1 hora.

dos.Combine vinagre, agua y pimiento rojo triturado en una cacerola no reactiva. Déjalo hervir. Retirar del fuego y dejar enfriar un poco.

3.Lavar los pimientos en agua fría y secar. Empaque los pimientos en 2 frascos esterilizados. Vierta la mezcla enfriada con vinagre y cierre. Dejar en un lugar fresco y oscuro durante 1 semana antes de usar.

Pimientos con almendras

Pepperoni todo Mandorle

Rinde 4 porciones

Una vieja amiga de mi madre, cuya familia era de Ischia, una pequeña isla en la Bahía de Nápoles, le dio esta receta. Le gustaba servirlo en el almuerzo sobre rebanadas de pan italiano fritas en aceite de oliva hasta que estén doradas.

2 pimientos rojos y 2 amarillos

1 diente de ajo, ligeramente machacado

3 cucharadas de aceite de oliva

2 tomates medianos, pelados, sin corazón y cortados en cubos

11/4 taza de agua

2 cucharadas de alcaparras

4 filetes de anchoa picados

4 onzas de almendras tostadas, picadas en trozos grandes

1.Coloca los pimientos en una tabla de cortar. Sostenga la pipa con una mano y coloque la punta de un cuchillo grande y pesado justo después del borde de la tapa. Cortar. Girar el pimiento 90° y cortar nuevamente. Repetir, volteando y cortando los dos lados restantes. Desecha el corazón, las semillas y el tallo, que quedan intactos. Cortar las membranas y triturar las semillas.

dos.En una sartén grande, saltee el ajo en aceite de oliva a fuego medio, presionando el ajo una o dos veces con el dorso de una cuchara. Después de adquirir un color dorado claro, aprox. 4 minutos, agrega el ajo.

3.Agrega los pimientos a la sartén. Cocine, revolviendo ocasionalmente, hasta que estén tiernos, aproximadamente 15 minutos.

4.Agrega los tomates y el agua. Cocine hasta que la salsa espese, unos 15 minutos más.

5.Agrega las alcaparras, las anchoas y las almendras. Prueba la sal. Cocine por otros 2 minutos. Déjalo enfriar un poco antes de servir.

Pimientos con tomate y cebolla

pepperoni

Rinde 4 porciones

Cada región parece tener su propia versión de peperonata. Algunos añaden alcaparras, aceitunas, hierbas o anchoas. Sirva como guarnición o como salsa para cerdo asado o pescado a la parrilla.

4 pimientos rojos o amarillos (o una mezcla)

2 cebollas medianas, en rodajas finas

3 cucharadas de aceite de oliva

3 tomates grandes, pelados y cortados en trozos

1 diente de ajo picado

Solo

1.Coloca los pimientos en una tabla de cortar. Sostenga la pipa con una mano y coloque la punta de un cuchillo grande y pesado justo después del borde de la tapa. Cortar. Girar el pimiento 90° y cortar nuevamente. Repetir, volteando y cortando los dos lados restantes. Desecha el corazón, las semillas y el tallo, que quedan intactos. Cortar las membranas y triturar las semillas. Corta el pimiento en tiras de 1/4 de pulgada.

dos.En una sartén grande a fuego medio, saltea la cebolla en el aceite de oliva hasta que esté suave y dorada, aproximadamente 10 minutos. Agrega las tiras de pimiento y cocina por otros 10 minutos.

3.Agrega el tomate, el ajo y sal al gusto. Tape y cocine por 20 minutos o hasta que los pimientos estén tiernos al pincharlos con un cuchillo. Si queda mucho líquido, destapar y cocinar hasta que la salsa espese y reduzca. Servir tibio o a temperatura ambiente.

Pimientos rellenos

pepperoni ripieni

Rinde de 4 a 8 porciones

Mi abuela siempre hacía estos pimientos en verano. Los cociné por la mañana en una sartén negra grande y a la hora del almuerzo estaban a la temperatura adecuada para servirlos con rebanadas de pan.

1/4 taza de pan rallado natural seco hecho con pan italiano o francés

1/3 taza de Pecorino Romano o Parmigiano-Reggiano recién rallado

11/4 taza de perejil fresco picado

1 diente de ajo picado

Sal y pimienta negra recién molida

Aproximadamente 1/2 taza de aceite de oliva

8 pimientos italianos largos, de color verde claro para asar

3 tazas de tomates frescos pelados, sin corazón y cortados en cubitos o 1 tomate triturado (28 onzas)

6 hojas de albahaca fresca, cortadas en trozos

1.Mezclar en un bol el pan rallado, el queso, el perejil, el ajo y la sal y la pimienta. Agregue 3 cucharadas de aceite o suficiente para cubrir uniformemente las migajas.

dos.Corta la parte superior del pimiento y quítale las semillas. Vierta la mezcla de pan sobre los pimientos, dejando aproximadamente una pulgada de espacio encima. No llenes demasiado los pimientos, de lo contrario el relleno se derramará durante la cocción.

3.En una sartén grande, calienta 1/4 taza de aceite a fuego medio hasta que el pimiento caiga dentro de la sartén. Agrega con cuidado los pimientos con unas pinzas. Cocine, volteando ocasionalmente con unas pinzas, hasta que se dore por todos lados, aproximadamente 20 minutos.

4. Agrega los tomates, la albahaca y sal y pimienta al gusto alrededor de los pimientos. Déjalo hervir. Tape y cocine, volteando los pimientos una o dos veces, hasta que estén muy tiernos, aproximadamente 15 minutos. Si la salsa está demasiado seca, añade un poco de agua. Destape y cocine hasta que la salsa esté espesa, aprox. 5 minutos mas. Servir caliente oa temperatura ambiente.

Pimientos Rellenos Napolitanos

Pepperoni de la nona

Rinde 6 porciones

Si los sicilianos tienen innumerables maneras de preparar las berenjenas, los napolitanos tienen la misma creatividad con los pimientos. Esta es otra receta típica napolitana que hacía mi abuela.

2 berenjenas medianas (de aproximadamente 1 kilo cada una)

6 pimientos rojos, amarillos o verdes grandes, cortados en tiras de 1/2 pulgada

1/2 taza más 3 cucharadas de aceite de oliva

3 tomates medianos, pelados, sin corazón y cortados en cubos

34/4 taza de aceitunas negras curadas en aceite, sin hueso, como Gaeta

6 filetes de anchoa en rodajas finas

3 cucharadas de alcaparras, enjuagadas y escurridas

1 diente de ajo grande, pelado y picado

3 cucharadas de perejil fresco picado

pimienta negra recién molida

1/2 taza más 1 cucharada de pan rallado

1.Recorta las berenjenas y córtalas en cubos de 3/4 de pulgada. Coloca los trozos en un colador y espolvorea cada capa con sal. Coloca el colador en un plato y déjalo escurrir durante 1 hora. Lavar las berenjenas y secar con papel absorbente.

dos.En una sartén grande, calienta 1/2 taza de aceite a fuego medio. Agrega la berenjena y cocina, revolviendo ocasionalmente, hasta que esté tierna, aproximadamente 10 minutos.

3.Agrega los tomates, las aceitunas, las anchoas, las alcaparras, el ajo, el perejil y la pimienta al gusto. Llevar a ebullición y cocinar por otros 5 minutos. Agrega 1/2 taza de pan rallado y retira del fuego.

4.Coloca una rejilla en el centro del horno. Precalienta el horno a 450° F. Engrasa una bandeja para hornear lo suficientemente grande como para sostener los pimientos en posición vertical.

5.Cortar los tallos del pimiento y quitarle las semillas y la piel blanca. Rellena los pimientos con la mezcla de berenjenas. Coloque los pimientos en una bandeja para hornear preparada. Espolvoree con la cucharada de pan rallado restante y rocíe con las 3 cucharadas de aceite restantes.

6.Vierta 1 taza de agua alrededor de los pimientos. Hornee durante 1 hora y 15 minutos o hasta que los pimientos estén suaves y ligeramente dorados. Servir tibio o a temperatura ambiente.

Pimientos rellenos al estilo Ada Boni

Pepperoni Ripieni a Ada Boni

Rinde de 4 a 8 porciones

Ada Boni fue una famosa autora italiana y autora de varios libros de cocina. Su Cocina regional italiana es un clásico y uno de los primeros libros sobre el tema traducido al inglés. Esta receta fue adaptada del capítulo de Sicilia.

4 pimientos rojos o amarillos medianos

1 taza de pan tostado

4 cucharadas de pasas

11/2 taza de aceitunas negras blandas, sin hueso y sin hueso

6 filetes de anchoa picados

2 cucharadas de albahaca fresca picada

2 cucharadas de alcaparras, enjuagadas, escurridas y picadas

1/4 taza más 2 cucharadas de aceite de oliva

1 tazasalsa de tomate siciliana

1.Coloca una rejilla en el centro del horno. Precalienta el horno a 375°F. Engrase un molde de 13 x 9 x 2 pulgadas.

dos.Con un cuchillo de cocina grande y pesado, corte los pimientos por la mitad a lo largo. Cortar los tallos, las semillas y la piel blanca.

3.Combine el pan rallado, las pasas, las aceitunas, las anchoas, la albahaca, las alcaparras y 1/4 taza de aceite en un tazón grande. Pruebe y ajuste los condimentos. (La sal probablemente sea innecesaria).

4.Vierta la mezcla sobre las mitades de pimiento. Cubrir con salsa. Hornea por 50 minutos o hasta que los pimientos estén muy suaves al pincharlos con un cuchillo. Servir tibio o a temperatura ambiente.

Pimientos fritos

Fritti De Peperoni

Rinde de 6 a 8 porciones

Fresco y dulce, es difícil resistirse. Servir con tortilla o cualquier carne cocida.

4 pimientos rojos o amarillos grandes

1 1/2 taza de harina para todo uso

Solo

1. Coloca los pimientos en una tabla de cortar. Sostenga la pipa con una mano y coloque la punta de un cuchillo grande y pesado justo después del borde de la tapa. Cortar. Girar el pimiento 90° y cortar nuevamente. Repetir, volteando y cortando los dos lados restantes. Desecha el corazón, las semillas y el tallo, que quedan intactos. Cortar las membranas y triturar las semillas. Corta el pimiento en tiras de 1/4 de pulgada.

dos. Calienta aproximadamente 2 pulgadas de aceite en una sartén profunda hasta que la temperatura alcance los 375 °F en un termómetro para freír.

3. Forrar una bandeja con papel de cocina. Coloca la harina en un recipiente poco profundo. Pasar las tiras de pimiento por la harina y sacudir el exceso.

4. Agrega las tiras de pimiento al aceite caliente, poco a poco. Freír hasta que estén dorados y tiernos, aproximadamente 4 minutos. Las escurrimos sobre papel de cocina. Sofreír el resto poco a poco, de la misma forma. Espolvorea con sal y sirve inmediatamente.

Pimientos fritos con calabacín y menta

Pepperoni y calabacín en la sartén

Rinde 6 porciones

Cuanto más tiempo repose, mejor sabrá, así que prepárelo temprano en el día para servirlo en una comida posterior.

1 pimiento rojo

1 pimiento amarillo

2 cucharadas de aceite de oliva

4 calabacines pequeños, cortados en rodajas de 1/4 de pulgada

Solo

2 cucharadas de vinagre de vino blanco

2 dientes de ajo, finamente picados

2 cucharadas de menta fresca picada

11/2 cucharadita de orégano seco

Triturar el pimiento rojo picado

1.Coloca los pimientos en una tabla de cortar. Sostenga la pipa con una mano y coloque la punta de un cuchillo grande y pesado justo después del borde de la tapa. Cortar. Girar el pimiento 90° y cortar nuevamente. Repetir, volteando y cortando los dos lados restantes. Desecha el corazón, las semillas y el tallo, que quedan intactos. Cortar las membranas y triturar las semillas. Cortar los pimientos en tiras de 2,5 cm.

dos.En una sartén grande, calienta el aceite de oliva a fuego medio. Agregue la pimienta y cocine, revolviendo, durante 10 minutos.

3.Agrega el calabacín y sal al gusto. Cocine, revolviendo ocasionalmente, hasta que los calabacines estén tiernos, aproximadamente 15 minutos.

4.Mientras se cocinan las verduras, combine el vinagre, el ajo, las hierbas, el pimentón y la sal en un tazón mediano.

5.Agrega los pimientos y el calabacín. Dejar reposar hasta que las verduras estén a temperatura ambiente. Pruebe y ajuste los condimentos.

Terrina de pimientos asados y berenjenas

Forma de pimiento y berenjena.

Rinde de 8 a 12 porciones

Este es un terreno inusual y hermoso con pimientos, berenjenas y aromáticos en capas. El jugo de pimiento se gelifica inmediatamente después de enfriarse y mantiene unida la terrina. Servir como entrante o acompañamiento de carnes a la parrilla.

4 granosPimentón rojo, maduro y pelado

2 berenjenas grandes (aproximadamente 1 1/2 libras cada una)

Solo

Aceite

11/2 taza de hojas de albahaca fresca picadas

4 dientes de ajo grandes, pelados, rebanados y finamente picados

11/4 taza de vinagre de vino tinto

pimienta negra recién molida

1.Prepara los pimientos si es necesario. Recorta las berenjenas y córtalas a lo largo en rodajas de 1/4 de pulgada de grosor. Coloca las rodajas en un colador y espolvorea cada capa con sal. Dejar actuar al menos 30 minutos.

dos.Precaliente el horno a 450° F. Unte dos moldes grandes para panecillos de gelatina con aceite.

3.Lavar las rodajas de berenjena en agua fría y secarlas con papel de cocina. Disponer las berenjenas en los moldes en una sola capa. Cepille con aceite. Hornea las berenjenas durante unos 10 minutos, hasta que la parte superior adquiera un color dorado claro. Voltee los trozos con unas pinzas y hornee por otros 10 minutos o hasta que estén suaves y ligeramente dorados.

4.Escurrir los pimientos y cortarlos en tiras de 2,5 cm.

5.Forre un molde de 8 x 4 x 3 pulgadas con papel film. Coloque una capa de rodajas de berenjena en el fondo del molde, superponiéndolas ligeramente. Coloca los pimientos asados encima de la berenjena. Espolvorea un poco de albahaca, ajo, vinagre, aceite de oliva y sal y pimienta al gusto. Continúe colocando capas, presionando firmemente cada capa hasta que se utilicen todos los ingredientes. Cubrir con film transparente y pesar el contenido con otro molde lleno de latas pesadas. Refrigere por al menos 24 horas o hasta 3 días.

6.Para servir, destapa la terrina y colócala en un plato. Retire con cuidado la envoltura de plástico. Cortar la terrina en rodajas gruesas. Servir frío o a temperatura ambiente.

Puré de patata

patata agrodolce

Rinde de 6 a 8 porciones

Se trata de una ensalada de patatas al estilo siciliano para servir a temperatura ambiente con costillas, pollo o salchichas a la parrilla.

2 libras de papas para todo uso, como Yukon Gold

1 cebolla

2 cucharadas de aceite de oliva

1 taza de aceitunas negras tiernas, como Gaeta

2 cucharadas de alcaparras

Sal y pimienta negra recién molida

2 cucharadas de vinagre de vino blanco

2 cucharadas de azúcar

1.Limpiar las patatas con un cepillo bajo agua fría. Pélalas si quieres. Corta las patatas por la mitad o en cuartos si son grandes. En una sartén grande, sofreír la cebolla en aceite de oliva hasta que esté suave y dorada, unos 10 minutos.

dos.Agrega las patatas, las aceitunas, las alcaparras y sal y pimienta al gusto. Agrega 1 taza de agua y deja hervir. Cocine por 15 minutos.

3.En un tazón pequeño, mezcle el vinagre y el azúcar y agréguelos a la sartén. Continúe cocinando hasta que las papas estén tiernas, aproximadamente 5 minutos. Retirar del fuego y dejar enfriar por completo. Servir a temperatura ambiente.

Patatas con vinagre balsámico

Patatas balsámicas

Rinde 6 porciones

Cebolla morada y balsámico dan sabor a estas patatas. También son buenos a temperatura ambiente.

2 libras de papas para todo uso, como Yukon Gold

2 cucharadas de aceite de oliva

1 cebolla morada grande picada

2 cucharadas de agua

Sal y pimienta negra recién molida

2 cucharadas de vinagre balsámico

1.Limpiar las patatas con un cepillo bajo agua fría. Pélalas si quieres. Corta las patatas por la mitad o en cuartos si son grandes.

dos.Calienta el aceite en una sartén mediana a fuego medio. Agrega las patatas, la cebolla, el agua y sal y pimienta al gusto. Tapa la sartén y reduce el fuego a bajo. Hornea por 20 minutos o hasta que las papas estén tiernas.

3.Destapa la sartén y agrega el vinagre. Cocine hasta que la mayor parte del líquido se haya evaporado, aproximadamente 5 minutos. Servir tibio o a temperatura ambiente.

Atún a la plancha con naranja

Spiedini di Tonno

Rinde 4 porciones

Cada primavera, los pescadores sicilianos se reúnen para mattanza, la matanza del atún. Este maratón de pesca ritual involucra varias embarcaciones pequeñas llenas de hombres que recolectan atunes migratorios en una serie de redes cada vez más pequeñas hasta que son capturados. Los peces grandes se matan y se llevan al barco. El proceso es laborioso y mientras los hombres trabajan cantan canciones especiales que los historiadores remontan a la Edad Media o incluso antes. Aunque esta práctica se está extinguiendo, todavía hay algunos lugares a lo largo de la costa norte y oeste donde se produce la matanza.

Los sicilianos tienen innumerables formas de preparar el atún. En él, el aroma de naranja asada y hierbas precedía al tentador sabor de los firmes trozos de pescado.

1 1/2 libras de filetes frescos de atún, pez espada o salmón (de aproximadamente 1 pulgada de grosor)

1 naranja ombligo cortada en 16 trozos

1 cebolla morada pequeña, cortada en 16 trozos

2 cucharadas de aceite de oliva

2 cucharadas de jugo de limón fresco

1 cucharada de romero fresco picado

Sal y pimienta negra recién molida

6 a 8 hojas de laurel

1.Corta el atún en trozos de 1/2 pulgada. En un bol grande mezcla los trozos de atún, la naranja y la cebolla morada con el aceite de oliva, el jugo de limón, el romero y sal y pimienta al gusto.

dos.Coloque la parrilla o asador a unas 5 pulgadas de la fuente de calor. Precalienta la parrilla o grill.

3.Ensarte el atún, las rodajas de naranja, la cebolla y las hojas de laurel alternativamente en 8 brochetas.

4.Ase o ase hasta que esté dorado, aproximadamente de 3 a 4 minutos. Voltee las brochetas y cocine hasta que estén doradas por fuera pero aún rosadas en el medio, aprox. Otros 2 minutos o hasta que esté cocido al gusto. Servir caliente.

Atún a la plancha y pimiento al estilo Molise

Atún y pepperoni

Rinde 4 porciones

Los pimientos y pimientos son una de las señas de identidad de la cocina al estilo Molise. Originalmente hice este plato con caballa, que es similar a la caballa, pero suelo prepararlo con filetes de atún o pez espada.

4 pimientos rojos o amarillos

4 filetes de atún (cada uno de aproximadamente 3/4 pulgadas de grosor)

2 cucharadas de aceite de oliva

Sal y pimienta negra recién molida

1 cucharada de jugo de limón fresco

2 cucharadas de perejil fresco picado

1 jalapeño pequeño u otro pimiento fresco, pimiento rojo picado o triturado al gusto

1 diente de ajo picado

1.Coloque la parrilla o asador a unas 5 pulgadas de la fuente de calor. Preparar a fuego medio en la parrilla o precalentar la parrilla.

dos.Ase o ase los pimientos, volteándolos con frecuencia, hasta que la piel esté burbujeante y ligeramente carbonizada, aproximadamente 15 minutos. Coloca los pimientos en un bol y cúbrelos con papel de aluminio o film transparente.

3.Moler los filetes de atún con aceite de oliva y salpimentar al gusto. Hornee o ase el pescado hasta que esté dorado por un lado, aproximadamente 2 minutos. Voltee el pescado con unas pinzas y cocínelo hasta que esté dorado por el otro lado pero aún rosado en el medio, aprox. Otros 2 minutos o hasta que lo desees. Comprueba que está hecho haciendo un pequeño corte en la parte más gruesa del pescado.

4.Limpiar, pelar y descorazonar el pimiento. Corta los pimientos en tiras de 1/2 pulgada y colócalos en un bol. Sazona con 2 cucharadas de aceite de oliva, jugo de limón, perejil, pimienta, ajo y sal al gusto. Mezclar suavemente.

5.Corta el pescado en rodajas de 1/2 pulgada. Coloque las rodajas, ligeramente superpuestas, en un plato para servir. Coloca los pimientos encima. Servir caliente.

Atún a la plancha con limón y orégano

Griglia de atún

Rinde 4 porciones

La primera vez que visité Sicilia, en 1970, no había muchos restaurantes; los que existían parecían servir el mismo menú. Comía filetes de atún o pez espada preparados de esta manera en casi todos los almuerzos y cenas. Afortunadamente siempre estuve bien preparado. Los sicilianos cortan sus filetes de pescado de solo 1/2 pulgada de grosor, pero yo los prefiero de 1 pulgada de grosor para que no se cocinen demasiado fácilmente. El atún queda más húmedo y tierno cuando se cocina hasta que el centro esté rojo o rosado, mientras que el pez espada debe quedar ligeramente rosado. Como hay cartílago que hay que ablandar, el tiburón se puede cocinar un poco más.

4 filetes de atún, pez espada o tiburón, de unos 2,5 cm de grosor

Aceite

Sal y pimienta negra recién molida

1 cucharada de jugo de limón recién exprimido

11/2 cucharadita de orégano seco

1.Coloque una sartén o parrilla a unas 5 pulgadas de la fuente de calor. Precalienta la parrilla o grill.

dos.Unte los filetes con aceite de oliva y agregue sal y pimienta al gusto.

3.Ase el pescado hasta que esté ligeramente dorado por un lado, de 2 a 3 minutos. Voltee el pescado y fríalo hasta que esté ligeramente dorado pero aún rosado por dentro, aprox. Otros 2 minutos o hasta que lo desees. Comprueba que está hecho haciendo un pequeño corte en la parte más gruesa del pescado.

4.En un tazón pequeño, mezcle 3 cucharadas de aceite de oliva, jugo de limón, orégano y sal y pimienta al gusto. Vierte la mezcla de jugo de limón sobre los filetes de atún y sirve inmediatamente.

Filete De Atún Crujiente A La Plancha

Griglia de atún

Rinde 4 porciones

El pan rallado proporciona una agradable capa crujiente a estos filetes de pescado.

4 filetes de atún o pez espada (de 1 pulgada de grosor)

3/4 taza de pan rallado seco

1 cucharada de perejil fresco picado

1 cucharada de menta fresca picada o 1 cucharadita de orégano seco

Sal y pimienta negra recién molida

4 cucharadas de aceite de oliva

rodajas de limon

1.Calienta la parrilla. Engrasa la fuente para hornear. Mezclar en un bol el pan rallado, el perejil, la menta, la sal y la pimienta. Agrega 3 cucharadas de aceite, o lo suficiente para humedecer las migajas.

dos.Coloca los filetes de pescado en la sartén. Extienda la mitad de las rodajas sobre el pescado, dándole palmaditas.

3.Asa los filetes a unos 6 cm del fuego durante 3 minutos o hasta que las migajas estén doradas. Con una espátula de metal, voltea con cuidado los filetes y espolvoréalos con el resto del pan rallado. Ase durante otros 2 a 3 minutos o hasta que todavía esté rosado en el centro o al gusto. Comprueba que está hecho haciendo un pequeño corte en la parte más gruesa del pescado.

4.Rocíe con la cucharada restante de aceite de oliva. Servir caliente, con rodajas de limón.

Atún A La Plancha Con Pesto De Rúcula

Atún Con Pesto

Rinde 4 porciones

El sabor picante de la rúcula y el brillante color verde esmeralda de este aderezo son un complemento perfecto para el atún fresco o el pez espada. Este plato también es bueno a temperatura ambiente fresca.

4 filetes de atún de unos 2,5 cm de grosor

Aceite

Sal y pimienta negra recién molida

Pesto de rúcula

1 manojo de rúcula, lavada y sin tallos (aproximadamente 2 tazas, ligeramente empaquetadas)

11/2 taza de albahaca fresca ligeramente compactada

2 dientes de ajo

11/2 taza de aceite de oliva

Sal y pimienta negra recién molida

1.Frote el pescado con un poco de aceite de oliva y salpimiente al gusto. Cubra y refrigere hasta que esté listo para cocinar.

dos.Cómo hacer el pesto: Coloca la rúcula, la albahaca y el ajo en un procesador de alimentos y procesa hasta que estén finamente picados. Agregue lentamente el aceite y procese hasta que quede suave. Añadir sal y pimienta al gusto. Tapar y dejar reposar 1 hora a temperatura ambiente.

3.Calienta 1 cucharada de aceite a fuego medio en una sartén antiadherente grande. Agregue las rodajas de atún y cocine de 2 a 3 minutos por cada lado, o hasta que estén doradas por fuera pero aún rosadas en el centro, o hasta que estén cocidas al gusto. Comprueba que está hecho haciendo un pequeño corte en la parte más gruesa del pescado.

4.Sirve el atún caliente o a temperatura ambiente, cubierto con pesto de rúcula.

Guiso de atún y judías cannellini

estufa tonno

Rinde 4 porciones

En invierno suelo cocinar más carne que marisco porque la carne sabe mejor cuando está fría. La excepción es este guiso elaborado con judías y lomos de atún fresco. Tiene todas las cualidades sustanciosas de la costilla y el gran sabor de la feijoada, pero sin carne, lo que la hace perfecta para quienes prefieren comidas sin carne.

2 cucharadas de aceite de oliva

1 1/2 libras de atún fresco (1 pulgada de grosor), cortado en trozos de 1 1/2 pulgada

Sal y pimienta negra recién molida al gusto.

1 pimiento rojo o verde grande, cortado en trozos pequeños

1 taza de tomates pelados enlatados, escurridos y picados

1 diente de ajo grande, finamente picado

6 hojas de albahaca fresca, cortadas en trozos

1 lata (16 onzas) de frijoles cannellini, enjuagados y escurridos, o 2 tazas de frijoles secos cocidos

1.Calienta el aceite en una sartén grande a fuego medio. Secar los trozos de atún con papel de cocina. Cuando el aceite esté caliente añadimos los trozos de atún sin que se obstruya la sartén. Cocine hasta que los trozos estén ligeramente dorados por fuera, aproximadamente 6 minutos. Transfiera el atún a un plato. Espolvorear con sal y pimienta.

dos.Agrega los pimientos a la sartén y cocina, revolviendo ocasionalmente, hasta que comiencen a dorarse, aproximadamente 10 minutos. Agrega los tomates, el ajo, la albahaca, la sal y la pimienta. Déjalo hervir. Agrega los frijoles, tapa y reduce el fuego. Cocine por 10 minutos.

3.Agregue el atún y cocine hasta que el atún esté ligeramente rosado en el medio, aprox. Otros 2 minutos o hasta que lo desees. Comprueba que está hecho haciendo un pequeño corte en la parte más gruesa del pescado. Servir caliente.

Pez espada siciliano con cebolla

El pez espada y la esfinge

Rinde 4 porciones

Los chefs sicilianos preparan una deliciosa pizza llamada sfinciuni, palabra derivada del árabe que significa "ligera" o "aireada". La pizza tiene una corteza espesa pero ligera y está cubierta con cebolla, anchoas y salsa de tomate. Esta receta tradicional de pez espada se deriva de esta pizza.

3 cucharadas de aceite de oliva

1 cebolla mediana, en rodajas finas

4 filetes de anchoa picados

1 taza de tomates frescos o enlatados, pelados, sin corazón y cortados en cubitos, escurridos y cortados en cubitos

Una pizca de orégano seco triturado

Sal y pimienta negra recién molida al gusto.

4 filetes de pez espada, de aproximadamente ¾ de pulgada de grosor

2 cucharadas de pan seco

1.Vierta 2 cucharadas de aceite en una sartén mediana. Agrega la cebolla y cocina hasta que esté suave, aproximadamente 5 minutos. Agrega las anchoas y cocina por otros 5 minutos o hasta que estén suaves. Agrega el tomate, el orégano, la sal y la pimienta y cocina por 10 minutos.

dos.Coloca una rejilla en el centro del horno. Precalienta el horno a 350° F. Engrasa una fuente para hornear lo suficientemente grande como para acomodar el pescado en una sola capa.

3.Secar el filete de pez espada. Colóquelos en la bandeja para hornear preparada. Espolvorear con sal y pimienta. Vierta la salsa con una cuchara. Mezclar el pan rallado con la cucharada restante de aceite. Espolvorea las migas sobre la salsa.

4.Hornea por 10 minutos o hasta que el pescado esté ligeramente rosado en el centro. Comprueba que está hecho haciendo un pequeño corte en la parte más gruesa del pescado. Servir caliente.

patatas venecianas

patatas venecianas

Rinde 4 porciones

Aunque uso patatas Yukon Gold para la mayoría de las comidas, hay muchas otras variedades excelentes disponibles, especialmente en los mercados de agricultores, y añaden variedad a los platos de patatas. Las patatas amarillas finlandesas son buenas para freír y hornear, y las patatas rojas rusas son buenas para ensaladas. Aunque parezcan raras, las patatas azules también pueden quedar muy buenas.

1 1/4 libras de papas para todo uso, como Yukon Gold

2 cucharadas de mantequilla sin sal

1 cucharada de aceite de oliva

1 cebolla mediana picada

Sal y pimienta negra recién molida

2 cucharadas de perejil fresco picado

1.Limpiar las patatas con un cepillo bajo agua fría. Pélalas si quieres. Corta las patatas por la mitad o en cuartos si son grandes. En una sartén grande, derrita la mantequilla con el aceite de oliva a fuego medio. Agrega la cebolla y cocina hasta que esté suave, aproximadamente 5 minutos.

dos.Agrega las patatas y sal y pimienta al gusto. Tapa la sartén y cocina, revolviendo ocasionalmente, durante unos 20 minutos o hasta que las patatas estén tiernas.

3.Agrega el perejil y mezcla bien. Servir caliente.

"Vi" patatas.

baile de patada

Rinde 4 porciones

Cuando pides patatas fritas en un restaurante italiano, esto es lo que obtienes. Las patatas quedan ligeramente crujientes por fuera y suaves y cremosas por dentro. Se llaman "papas fritas" porque a menudo es necesario revolverlas o echarlas en una sartén.

1 1/4 libras de papas para todo uso, como Yukon Gold

11/4 taza de aceite de oliva

Sal y pimienta negra recién molida

1.Limpiar las patatas con un cepillo bajo agua fría. Pelar las papas. Córtelos en trozos de 1 pulgada.

dos.Vierta el aceite en una sartén de 9 pulgadas. Coloca la sartén a fuego medio hasta que el aceite esté bien caliente y agrega un trozo de papa frita.

3.Secar bien las patatas con papel de cocina. Agrega las patatas al aceite caliente y cocina por 2 minutos. Voltee las patatas y cocine por otros 2 minutos. Continúe cocinando, volteando las papas cada 2 minutos o hasta que estén ligeramente doradas por todos lados, aproximadamente 10 minutos en total.

4.Añadir sal y pimienta al gusto. Tape la sartén y cocine, volteándolas ocasionalmente, hasta que las papas estén tiernas al pincharlas con un cuchillo, aproximadamente 5 minutos. Servir inmediatamente.

Variación:Ajo y patatas con hierbas: en el paso 4, añade 2 dientes de ajo picados y una cucharada de romero fresco o salvia picada.

Patatas fritas y pimientos

Patatas y pimientos en la sartén.

Rinde 6 porciones

El pimiento morrón, el ajo y el pimiento rojo le dan sabor a este delicioso salteado.

1 1/4 libras de papas para todo uso, como Yukon Gold

4 cucharadas de aceite de oliva

2 pimientos rojos o amarillos grandes, cortados en trozos de 1 pulgada

Solo

11/4 taza de perejil fresco picado

2 dientes de ajo grandes

Triturar el pimiento rojo picado

1.Limpiar las patatas con un cepillo bajo agua fría. Pelar las patatas y cortarlas en trozos de 2,5 cm.

dos.En una sartén grande, calienta 2 cucharadas de aceite a fuego medio. Seca bien las patatas con papel de cocina y colócalas en la sartén. Cocine, revolviendo ocasionalmente, hasta que las papas comiencen a dorarse, aproximadamente 10 minutos. Espolvorea con sal. Tapa la sartén y deja cocinar durante 10 minutos.

3.Mientras se cocinan las patatas, calienta las 2 cucharadas de aceite restantes en una sartén aparte a fuego medio. Agrega pimienta y sal al gusto. Cocine, revolviendo ocasionalmente, hasta que los pimientos estén casi tiernos, aproximadamente 10 minutos.

4.Agrega las patatas y luego agrega los pimientos. Agrega el perejil, el ajo y el pimiento rojo triturado. Cocine hasta que las patatas estén tiernas, unos 5 minutos. Servir caliente.

Puré de patatas con perejil y ajo

Patatas Schiacciate con Aglio y Prezzemolo

Rinde 4 porciones

El puré de patatas recibe el tratamiento italiano con perejil, ajo y aceite de oliva. Si te gustan las patatas picantes, añade una pizca generosa de pimiento rojo triturado.

1 1/4 libras de papas para todo uso, como Yukon Gold

Solo

11/4 taza de aceite de oliva

1 diente de ajo grande, finamente picado

1 cucharada de perejil fresco picado

pimienta negra recién molida

1. Limpiar las patatas con un cepillo bajo agua fría. Pelar las patatas y cortarlas en cuartos. Coloca las patatas en una cacerola mediana con agua fría hasta cubrir y sal al gusto. Tapar y dejar

hervir. Hornee por 15 minutos o hasta que las papas estén tiernas al pincharlas con un cuchillo. Escurrir las patatas, guardando un poco de agua.

dos.Seca la sartén donde se cocinaron las patatas. Agregue 2 cucharadas de aceite y ajo y cocine a fuego medio hasta que el ajo esté fragante, aproximadamente 1 minuto. Agrega las patatas y el perejil a la sartén. Triture las patatas con un machacador o un tenedor, revolviendo bien para mezclarlas con el ajo y el perejil. Agrega el aceite de oliva restante, sal y pimienta al gusto. Si es necesario, añade un poco de agua hirviendo. Servir inmediatamente.

Variación:Puré de aceitunas: Agrega 2 cucharadas de aceitunas negras o verdes picadas antes de servir.

Patatas nuevas con hierbas y tocino

Todas las patatas fritas Erbe Aromáticas

Rinde 4 porciones

Las patatas nuevas se preparan deliciosamente de esta manera. (Las papas nuevas no son una variedad. Cualquier papa recién cosechada y de piel fina se puede llamar papa nueva). Use una papa para todo uso si no hay papas nuevas disponibles.

1/4 libra de papas nuevas pequeñas

2 onzas de jamón rebanado en cubitos

1 cebolla mediana picada

2 cucharadas de aceite de oliva

1 diente de ajo picado

6 hojas de albahaca fresca, cortadas en trozos

1 cucharada de romero fresco picado

1 hoja de laurel

Sal y pimienta negra recién molida

1.Limpiar las patatas con un cepillo bajo agua fría. Pélalas si quieres. Cortar las patatas en trozos de 2,5 cm.

dos.Combine la panceta, la cebolla y el aceite de oliva en una sartén grande. Cocine a fuego medio hasta que estén tiernos, aproximadamente 5 minutos.

3.Agrega las patatas y cocina, revolviendo ocasionalmente, durante 10 minutos.

4.Agrega el ajo, la albahaca, el romero, la hoja de laurel y sal y pimienta al gusto. Tape la sartén y cocine por otros 20 minutos, revolviendo ocasionalmente, hasta que las papas estén tiernas al pincharlas con un tenedor. Añade un poco de agua si las patatas empiezan a dorarse demasiado rápido.

5.Retirar la hoja de laurel y servir caliente.

Patatas con tomate y cebolla.

Patatas en Pizzaiola

Rinde de 6 a 8 porciones.

Las patatas asadas con sabor a pizza son típicas de Nápoles y otras zonas del sur.

2 libras de papas para todo uso, como Yukon Gold

2 tomates grandes, pelados, sin semillas y picados

2 cebollas medianas, rebanadas

1 diente de ajo picado

1 1/2 cucharadita de orégano seco

1 1/4 taza de aceite de oliva

Sal y pimienta negra recién molida

1. Precalienta el horno a 450° F. Frota las patatas con un cepillo bajo agua fría. Pélalas si quieres. Cortar las patatas en trozos de

2,5 cm. En una sartén lo suficientemente grande como para contener los ingredientes en una sola capa, combine las papas, los tomates, la cebolla, el ajo, el orégano, el aceite de oliva, la sal y la pimienta al gusto. Distribuya los ingredientes uniformemente en la sartén.

dos.Coloca una rejilla en el centro del horno. Asa las verduras, revolviendo 2 o 3 veces, durante 1 hora o hasta que las patatas estén cocidas. Servir caliente.

Patatas Asadas Con Ajo Y Romero

Papas al horno

Rinde 4 porciones

Nunca me canso de estas patatas fritas crujientes. Nadie puede resistirse a ellos. El truco para prepararlas es utilizar una sartén lo suficientemente grande como para que los trozos de papa apenas se toquen y no se amontonen. Si su molde no es lo suficientemente grande, use un molde para gelatina de 15 x 10 x 1 pulgada o dos moldes más pequeños.

2 libras de papas para todo uso, como Yukon Gold

11/4 taza de aceite de oliva

1 cucharada de romero fresco picado

Sal y pimienta negra recién molida

2 dientes de ajo, finamente picados

1.Coloca una rejilla en el centro del horno. Precalienta el horno a 400° F. Frota las patatas con un cepillo bajo el chorro de agua fría. Pélalas si quieres. Cortar las patatas en trozos de 2,5 cm. Secar las patatas con papel de cocina. Colócalos en una sartén lo suficientemente grande como para acomodar las patatas en una sola capa. Unte con aceite de oliva y espolvoree con romero y sal y pimienta al gusto. Distribuya las patatas uniformemente.

dos.Asa las patatas, revolviendo cada 15 minutos, durante 45 minutos. Agrega el ajo y cocina por otros 15 minutos o hasta que las patatas estén tiernas. Servir caliente.

Patatas Al Horno Con Champiñones

Patatas y champiñones asados

Rinde 6 porciones

Las patatas adquieren algunos de los aromas de las setas y del ajo al sofreírlas en la misma sartén.

1 1/2 libras de papas para todo uso, como Yukon Gold

1 libra de champiñones, de cualquier tipo, cortados por la mitad o en cuartos si son grandes

11/4 taza de aceite de oliva

2 o 3 dientes de ajo, en rodajas finas

Sal y pimienta negra recién molida

2 cucharadas de perejil fresco picado

1.Coloca una rejilla en el centro del horno. Precalienta el horno a 400° F. Frota las patatas con un cepillo bajo el chorro de agua fría. Pélalas si quieres. Cortar las patatas en trozos de 2,5 cm.

Coloque las patatas y los champiñones en una fuente grande para horno. Saltee las verduras con aceite de oliva, ajo y un poco de sal y pimienta.

dos. Asa las verduras durante 15 minutos. Tíralos. Hornee por otros 30 minutos, revolviendo ocasionalmente, o hasta que las papas estén tiernas. Espolvorea con perejil picado y sirve caliente.

Patatas y coliflor al estilo basílica

Patatas Asadas Y Cavolfiore

Haz de 4 a 6

Coloque una olla de papas y coliflor en el horno junto con un poco de cerdo o pollo asado para una abundante cena dominical. Las verduras deben quedar crujientes y doradas en los bordes, y su sabor debe realzarse con el aroma del orégano.

1 coliflor pequeña

11/4 taza de aceite de oliva

3 papas medianas para todo uso, como Yukon Gold, en cuartos

11/2 cucharadita de orégano seco, triturado

Sal y pimienta negra recién molida

1. Cortar la coliflor en floretes de 5 cm. Corta los extremos de los tallos. Corta los tallos gruesos en forma transversal en rodajas de 1/4 de pulgada.

dos. Coloca una rejilla en el centro del horno. Precalienta el horno a 400° F. Vierte el aceite en un molde de 13x9x2 pulgadas. Agrega las verduras y mezcla bien. Espolvorea con orégano y sal y pimienta al gusto. Mezclar nuevamente.

3. Hornea por 45 minutos o hasta que las verduras estén suaves y doradas. Servir caliente.

Patatas y repollo en la sartén.

Patatas y Cavolo en Tegame

Rinde de 4 a 6 porciones

Se encuentran versiones de este plato en toda Italia. En Friuli, se añade panceta ahumada a la sartén con cebolla. Me encanta esta versión sencilla de Basílicata. El color rosado de la cebolla complementa las cremosas patatas blancas y la col rizada. Las patatas se vuelven tan blancas que parecen puré de patatas cuando el repollo está blando.

3 cucharadas de aceite de oliva

1 cebolla morada mediana picada

1 1/2 repollo mediano, en rodajas finas (unas 4 tazas)

3 papas medianas para todo uso, como Yukon Gold, peladas y cortadas en cubitos

1 1/2 taza de agua

Sal y pimienta negra recién molida

1.Vierta el aceite en una sartén grande. Agrega la cebolla y cocina a fuego medio, revolviendo frecuentemente, hasta que se ablande, aproximadamente 5 minutos.

dos.Agrega el repollo, las patatas, el agua y sal y pimienta al gusto. Tape y cocine, revolviendo ocasionalmente, durante 30 minutos o hasta que las verduras estén tiernas. Añade un poco más de agua si las verduras empiezan a pegarse. Servir caliente.

Pastel de patatas y espinacas

Pastel De Patatas Y Espinacas

Rinde 8 porciones

Cuando comí este pastel de verduras en Roma, estaba hecho con achicoria en lugar de espinacas. La achicoria romana parece un diente de león joven o una rúcula madura. Las espinacas son un buen sustituto de la achicoria. Para obtener el mejor sabor, deje que el plato se enfríe un poco antes de servir.

2 libras de papas para todo uso, como Yukon Gold

Solo

4 cucharadas de mantequilla sin sal

1 cebolla pequeña, finamente picada

1/2 libra de espinacas, achicoria, hojas de diente de león o acelgas picadas

11/2 taza de agua

11/2 taza de leche tibia

1 taza de Parmigiano-Reggiano rallado

pimienta negra recién molida

1 cucharada de pan rallado

1.Limpiar las patatas con un cepillo bajo agua fría. Pela las patatas y colócalas en una cacerola mediana con agua fría hasta cubrirlas. Agrega sal y tapa la sartén. Llevar a ebullición y cocinar durante unos 20 minutos o hasta que las patatas estén tiernas.

dos.En una cacerola pequeña, derrita 2 cucharadas de mantequilla a fuego medio. Agrega la cebolla y sofríe, revolviendo regularmente, hasta que la cebolla esté suave y dorada.

3.Coloca las espinacas en una cacerola grande con 1/2 dl de agua y sal al gusto. Cubra y cocine hasta que estén tiernos, aproximadamente 5 minutos. Escurrir bien y retirar el exceso de líquido. Corta las espinacas en una tabla de cortar.

4.Agrega las espinacas a la sartén y mezcla con la cebolla.

5.Cuando las patatas estén blandas, escurrir y triturar hasta que quede suave. Agrega las 2 cucharadas restantes de mantequilla y la leche. Agrega 3/4 taza de queso y mezcla bien. Agrega sal al gusto.

6.Coloca una rejilla en el centro del horno. Precalienta el horno a 375°F.

7.Engrasa un molde de un centímetro. Extiende la mitad de las patatas en el plato. Haz otra capa con todas las espinacas. Vierte el resto de las patatas por encima. Espolvorea con el 1/4 de taza restante de queso y pan rallado.

8.Hornee de 45 a 50 minutos o hasta que la parte superior esté dorada. Dejar reposar 15 minutos antes de servir.

Croquetas de patata a la napolitana

Panzerotti o Crocche

hace unos 24 años

En Nápoles, las pizzerías han instalado puestos en las aceras para vender este delicioso puré de patatas cubierto de pan crujiente, lo que facilita a los transeúntes su consumo en el almuerzo o la merienda. Sin embargo, esta es la receta de mi abuela. Hemos estado comiendo papas fritas en fiestas y ocasiones festivas durante todo el año, generalmente como acompañamiento del rosbif.

2 1/2 libras de papas para todo uso, como Yukon Gold

3 huevos grandes

1 taza de Pecorino Romano o Parmigiano-Reggiano recién rallado

2 cucharadas de perejil fresco picado

1/4 taza de salchicha en rodajas finas (aproximadamente 2 onzas)

Sal y pimienta negra recién molida

2 tazas de pan rallado seco

Aceite vegetal para freír

1.Limpiar las patatas con un cepillo bajo agua fría. Coloca las patatas en una olla grande con agua fría para cubrirlas. Tapa la cacerola y deja hervir el agua. Cocine a fuego medio hasta que las papas estén tiernas al pincharlas con un tenedor, aproximadamente 20 minutos. Escurrir las patatas y dejarlas enfriar un poco. Pelar las papas. Colóquelo en un tazón grande y triture con un machacador o un tenedor hasta que quede suave.

dos.Separar los huevos, colocar las yemas en un bol pequeño y guardar las claras en un plato llano. Extienda el pan rallado sobre un trozo de papel pergamino.

3.Agrega las yemas de huevo, el queso, el perejil y la salchicha al puré de patatas. Añadir sal y pimienta al gusto.

4.Use aproximadamente 1/4 de taza de la mezcla de papa para formar una salchicha de aproximadamente 1 pulgada de ancho y 2 pulgadas de largo. Repetir con el resto de las patatas.

5.Batir las claras con una batidora o un tenedor hasta que estén espumosas. Sumerge las patatas en las claras y luego rebozalas en pan rallado cubriéndolas por completo. Coloca los palitos sobre una rejilla y déjalos secar durante 15 a 30 minutos.

6.Vierta aproximadamente 1/2 pulgada de aceite en una sartén grande y pesada. Calentar a fuego medio hasta que la clara hierva ligeramente al colocarla en el aceite. Coloque con cuidado algunos troncos en la sartén, dejando algo de espacio entre ellos. Hornee, volteando ocasionalmente con unas pinzas, hasta que se dore uniformemente, aproximadamente 10 minutos. Escurrir las croquetas doradas sobre toallas de papel.

7.Sirve inmediatamente o mantén las croquetas calientes en el horno a baja temperatura mientras fríes el resto.

Pastel de patatas napolitano de papá gatos

Rinde de 6 a 8 porciones

Gatto' proviene del francés gateau, que significa "pastel". El pedigrí me lleva a creer que esta receta fue popularizada por los Monzu, chefs educados en Francia que cocinaban para los aristócratas de la corte de Nápoles.

En nuestra casa lo llamábamos tarta de patatas, y si no teníamos croquetas de patatas para la cena del domingo, comíamos este plato de patatas, que era la especialidad de mi padre.

2 1/2 libras de papas para todo uso, como Yukon Gold

Solo

1/4 taza de pan rallado seco

4 cucharadas (1/2 barra) de mantequilla sin sal, ablandada

1 taza de leche tibia

1 taza más 2 cucharadas de Parmigiano-Reggiano rallado

1 huevo grande, batido

1/4 cucharadita de nuez moscada recién molida

Sal y pimienta negra recién molida

8 onzas de mozzarella fresca, rallada

4 onzas de salami o jamón italiano importado, picado

1.Limpiar las patatas con un cepillo bajo agua fría. Coloca las patatas en una olla grande con agua fría para cubrirlas. Agrega sal al gusto. Tapa la cacerola y deja hervir el agua. Cocine a fuego medio hasta que las papas estén tiernas al pincharlas con un tenedor, aproximadamente 20 minutos. Escurrir y dejar enfriar un poco.

dos.Coloca una rejilla en el centro del horno. Precaliente el horno a 400° F. Engrase una fuente para hornear de 2 cuartos. Espolvorea con pan rallado.

3.Pelar las patatas, colocarlas en un bol grande y triturarlas o triturarlas con un tenedor hasta que quede suave. Agrega 3 cucharadas de mantequilla, leche, 1 taza de parmesano, huevo, nuez moscada y sal y pimienta al gusto. Agrega la mozzarella y el salami.

4.Extienda la mezcla uniformemente en el recipiente preparado. Espolvorea con el queso parmesano restante. Unte con la 1 cucharada de mantequilla restante.

5.Hornee durante 35 a 45 minutos o hasta que la parte superior esté dorada. Deje reposar brevemente a temperatura ambiente antes de servir.

tomate frito

Tomates en la sartén

Rinde de 6 a 8 porciones

Sírvelos como acompañamiento de carnes a la plancha o asadas, o a temperatura ambiente, desmenuzados sobre tostadas como entrante.

8 tomates pera

1 1/4 taza de aceite de oliva

2 dientes de ajo, finamente picados

2 cucharadas de albahaca fresca picada

Sal y pimienta negra recién molida

1.Lavar los tomates y secarlos. Utiliza un cuchillo pequeño para cortar el tallo de cada tomate y retirarlo. Corta los tomates por la mitad, a lo largo.

dos.En una sartén grande, calienta el aceite de oliva con el ajo y la albahaca a fuego medio. Agrega las mitades de tomate, con el lado cortado hacia abajo. Espolvorear con sal y pimienta. Cocine hasta que los tomates estén dorados y suaves, aproximadamente 10 minutos. Servir tibio o a temperatura ambiente.

www.ingramcontent.com/pod-product-compliance
Lightning Source LLC
Chambersburg PA
CBHW071332110526
44591CB00010B/1116